BLUE

PRINCE

SPIELANLEITUNG

Table of Contents

KAPITEL 1: EINFÜHRUNG IN BLUE PRINCE

1.1   Überblick über die Prämisse des Spiels

BLAUER PRINZ ist ein surreales, atmosphärisches Erkundungsspiel, das in den wechselnden Hallen der Welt spielt **Unendlicher Palast**, eine mysteriöse Struktur, die sich konventionellem Raum und konventioneller Logik widersetzt. Sie spielen als Besucher – ein namenloser Reisender – der genau das hat **24 Stunden im Spiel** durch die vielen prozedural generierten Räume und Etagen des Palastes aufzusteigen. Ihr Ziel? Erreichen Sie die Spitze und beanspruchen Sie den Besitz des Palastes, bevor die Zeit abläuft.

Im Kern ist das Spiel eine Mischung **narrative Erkundung, leichtes Lösen von Rätseln**, Und **strategische Navigation**, während die Spieler gleichzeitig in eine unheimliche und jenseitige Traumlandschaft eintauchen. Der Palast selbst ist lebendig, entwickelt sich ständig weiter und formt seine Form neu. Jeder Raum, den Sie betreten, ist Teil eines einzigartigen Grundrisses, der neue Überraschungen bietet – manche einladend, andere gefährlich und viele voller kryptischer Überlieferungen.

Auch wenn das Spiel auf den ersten Blick ruhig und meditativ wirkt, offenbaren sich schnell Spannungen: Entscheidungen sind wichtig, Routen können sich dauerhaft verschließen und die Zeit läuft ständig ab. Unter der Erkundung verbirgt sich ein sich entwirrendes Geheimnis – eines, das mit dem Rätselhaften verbunden ist **Blauer Prinz**, dessen Absichten ebenso dunkel sind wie der Palast selbst.

Ob Sie sich für die Geschichte, die Strategie oder die Geheimnisse interessieren, *BLAUER PRINZ* verspricht einen fesselnden Abstieg in eine Welt, die direkt jenseits der Realität existiert – einen Ort, an dem **Architektur erinnert**, und jeder Schritt nach vorne kann Ihr Schicksal verändern.

1.2 Die Welt des Unendlichen Palastes

Der **Unendlicher Palast** ist das eindringliche Herz von *BLAUER PRINZ*– ein riesiges, sich ständig veränderndes Labyrinth, das weit über die Grenzen der Physik oder Logik hinausgeht. Es ist sowohl eine physische Struktur als auch ein lebendiges Rätsel, ein Ort, der auf Ihre Bewegungen, Absichten und vielleicht sogar Ihre Gedanken zu reagieren scheint.

Ein sich veränderndes Denkmal

Im Gegensatz zu traditionellen Spielwelten ist der Unendliche Palast nicht statisch. Seine Räume werden prozedural generiert, was bedeutet, dass keine zwei Reisen durch seine Hallen jemals gleich sind. Treppen biegen sich in sich selbst zurück, Türen erscheinen dort, wo keine waren, und vertraute Wege könnten beim nächsten Durchgang zu völlig neuen Orten führen. Die Architektur ist surreal, traumhaft und oft beunruhigend – stellen Sie sich eine Mischung aus königlicher Eleganz und unmöglicher Geometrie vor.

Themen der Erinnerung und des Eigentums

Der Palast ist mehr als ein Labyrinth – er ist ein Symbol. Sein Design spiegelt Themen wie Erinnerung, Macht und Vermächtnis wider. Wenn Sie die Stockwerke hinaufsteigen, werden Sie Räume voller persönlicher Echos, vergessener Rituale und Fragmente vergangener

Besucher entdecken. Manche Bereiche fühlen sich heilig an, andere verflucht. Jede Etage hat ihre eigene Persönlichkeit und ihre eigenen Geheimnisse, als ob der Palast selbst Ihre Anwesenheit beobachtet und auf sie reagiert.

Umweltgeschichten erzählen

Anstelle traditioneller Zwischensequenzen oder Ausstellungsdumps *BLAUER PRINZ* erzählt einen Großteil seiner Geschichte durch **Umwelthinweise**. Ein zerrissenes Gemälde, ein halb verbranntes Tagebuch oder ein Klavier, das in einem leeren Ballsaal spielt – all das deutet auf die größere Erzählung hin. Der Palast erzählt Ihnen seine Geschichte nicht direkt; Es erwartet, dass Sie es zusammensetzen.

Eine ständig tickende Welt

Der Lauf der Zeit beeinflusst den Palast. Während die Stunden im Spiel vergehen, treten subtile Veränderungen auf – Lichter flackern, Schatten werden länger und bestimmte Wege können für immer geschlossen sein. Die Welt ist nie wirklich sicher oder stabil. Je tiefer Sie gehen, desto mehr offenbart der Palast seine wahre, vielschichtige Natur: ein Ort der Erhabenheit, der auf vergessenen Versprechen und unvollendeten Geschichten aufgebaut ist.

1.3 Kern-Gameplay-Mechaniken

Im Kern von *BLAUER PRINZ* ist eine einzigartige Mischung aus Erkundung, Entscheidungsfindung, Rätsellösung und Zeitmanagement. Das Spiel setzt nicht auf rasante Action oder

Kämpfe – stattdessen fordert es Sie heraus, eine Welt, die sich ständig verändert, zu beobachten, zu interpretieren und auszutricksen. Die Beherrschung der Mechanik ist der Schlüssel zum Überleben – und Gedeihen – im Unendlichen Palast.

Erkundung und Raumentdeckung

Jeder Lauf beginnt am Fuße des Palastes. Von dort aus erkunden Sie ein Netzwerk miteinander verbundener Räume und Treppenhäuser, die jeweils prozedural generiert werden. Die Bewegung erfolgt bewusst – es gibt kein Sprinten oder Springen. Stattdessen werden die Spieler dazu ermutigt **Machen Sie es langsamer, nehmen Sie Details wahr,** und betrachten Sie jeden Raum als potenziellen Puzzle- oder Erzählknotenpunkt. Jeder Raum bietet etwas: einen Hinweis, einen Gegenstand, eine Falle oder eine Wahl.

Zeitlich begrenzter Fortschritt

Du hast eine strenge **24 Stunden im Spiel** um die Spitze des Palastes zu erreichen. Die Zeit vergeht beim Erkunden, und jede Aktion – eine Tür öffnen, ein Rätsel lösen, eine Notiz lesen – kostet wertvolle Sekunden oder Minuten. Dadurch entsteht der Druck, effiziente Entscheidungen zu treffen, ohne blind zu überstürzen. Die Zeit bleibt nicht stehen, während Sie stillstehen, und wichtige Entscheidungen können sich dauerhaft auf die Gestaltung des Palastes auswirken.

Inventar und Artikel

Sie werden sammeln **Schlüsselelemente, Artefakte,** Und **Werkzeuge** um zum Fortschritt beizutragen. Der Bestand ist begrenzt, was bedeutet, dass Sie sich oft entscheiden müssen, ob Sie etwas Geheimnisvolles oder etwas Wesentliches mit sich führen möchten.

Manche Gegenstände öffnen Räume, andere lösen Erinnerungen aus oder manipulieren die Zeit. Der kluge Umgang mit Ihren Werkzeugen ist unerlässlich, um tiefer im Palast zu überleben.

Nichtlineares Storytelling und Spielerauswahl

Es gibt keinen „richtigen" Weg *BLAUER PRINZ*. Die Entscheidungen der Spieler prägen sowohl die Reise als auch das Ende. Sie können einer mysteriösen Figur helfen, einen verbotenen Raum aufschließen oder einen ganzen Teil des Palastes umgehen – jede Entscheidung trägt zu Ihrer Version der Erzählung bei. Die Geschichte wird durch Interaktionen, Artefakte und Interpretationen aufgedeckt, sodass sich jedes Durchspielen persönlich und einzigartig anfühlt.

1.4   Tipps für Erstspieler

Hineinspringen *BLAUER PRINZ* Zum ersten Mal kann es sich anfühlen, als würde man einen Traum betreten – oder ein Labyrinth ohne Karte. Aber keine Sorge, Sie müssen nicht alles auf einmal verstehen. Hier sind einige wichtige Tipps, die Erstspielern helfen sollen, sich zurechtzufinden und das Beste aus ihrer Reise durch den Unendlichen Palast zu machen.

1. Nehmen Sie sich Zeit, aber achten Sie auf die Uhr

Auch wenn es verlockend ist, jeden Winkel jedes Zimmers zu erkunden, denken Sie daran: Die Zeit vergeht immer. Jede Aktion verschiebt den 24-Stunden-Countdown. Erkunden Sie gründlich, aber entwickeln Sie einen Rhythmus –**Bleiben Sie nicht dabei, jedem**

glänzenden Objekt nachzujagen wenn es dich zu weit vom Weg abbringt. Lernen Sie, Neugier und Fortschritt in Einklang zu bringen.

2. Achten Sie auf die Umwelt

Dieses Spiel füttert Sie nicht mit Geschichten oder Lösungen. Stattdessen wird belohnt **Beobachtung**. Schauen Sie sich die Platzierung der Möbel an, achten Sie auf akustische Hinweise und untersuchen Sie die Kunstwerke oder Symbole an den Wänden. Diese dienen oft als subtile Hinweise für Rätsel, versteckte Räume oder tiefere Überlieferungen.

3. Nicht alles ist dauerhaft

Viele Räume und Objekte verschieben sich zwischen den Läufen. Das bedeutet, dass Scheitern nicht das Ende ist – es ist Teil des Lernens. Wenn Sie etwas vermissen, finden Sie beim nächsten Mal möglicherweise eine andere Version davon. Jeder Lauf ist eine Gelegenheit, einen neuen Teil des Palastes zu sehen, also haben Sie keine Angst davor **experimentieren und Risiken eingehen.**

4. Führen Sie ein Tagebuch (im Ernst)

Bei so vielen Symbolen, kryptischen Nachrichten und verzweigten Pfaden kann es leicht passieren, dass wichtige Details vergessen werden. Klein halten **physisches oder digitales Notizbuch** hilft Ihnen dabei, sich Rätselhinweise, Raumaufteilungen oder Story-Fragmente zu merken, die Ihnen später nützlich sein könnten – insbesondere bei wiederholten Durchspielen.

KAPITEL 2: DER PROTAGONIST UND SCHLÜSSELFIGUREN

2.1 Wer ist der Blaue Prinz?

Der **Blauer Prinz** ist sowohl der Titelcharakter als auch das zentrale Rätsel des Spiels. Er wird selten direkt gesehen, dennoch ist seine Präsenz in jede Ecke des Unendlichen Palastes eingewoben. Der Blaue Prinz repräsentiert mehr Konzept als Charakter und repräsentiert Macht, Kontrolle und Vermächtnis – den sich ständig verändernden Thron im Herzen des Palastes.

Die Beschreibungen der gefundenen Fragmente variieren. Manche stellen ihn als gütigen Herrscher dar, der einst für Ordnung im Palast sorgte. Andere sprechen von einem Tyrannen, der von Unsterblichkeit besessen ist und Wanderer in seinem Palast einsperrt, um eine vergessene Vergangenheit wieder aufleben zu lassen. Seine wahre Identität, seine Motive und sogar seine Form bleiben bewusst vage, was die Interpretationsthemen und das unzuverlässige Gedächtnis des Spiels verstärkt.

Was bekannt ist, ist Folgendes: Das Erreichen der Spitze des Palastes bedeutet, den Titel des Blauen Prinzen zu beanspruchen. Aber ob das ein Geschenk, ein Fluch oder etwas völlig Fremdes ist, müssen Sie selbst herausfinden.

2.2 Der wandernde Besucher (spielbarer Charakter)

Du spielst als **Wandernder Besucher**– ein stiller, namenloser Reisender, der den Palast ohne Einladung oder klares Ziel betritt. In einen langen Mantel gekleidet, das Gesicht weitgehend verborgen, sind sie eine Chiffre für den Willen des Spielers: neugierig, vorsichtig und entschlossen. Sie sind weder Helden noch Bösewichte – sie sind einfach die jüngste Seele, die sich von dem Versprechen des Palastes angezogen fühlt.

Während der Besucher nicht spricht, wird seine Vergangenheit durch interaktive Erinnerungen, Objektbeschreibungen und die Art und Weise, wie bestimmte Räume auf sie reagieren, angedeutet. Einige Räume scheinen den Besucher zu erkennen. Andere lehnen sie ab. Es gibt sogar Hinweise darauf, dass Sie möglicherweise nicht die erste Version Ihrer selbst sind, die durch diese Hallen geht.

Der Besucher kann nur durch Ihre Auswahl angepasst werden. Sie gestalten ihren Weg, decken ihre Vergangenheit auf und entscheiden letztendlich, was sie werden – ob ein neuer Herrscher, eine verlorene Seele oder etwas ganz anderes.

2.3 Mysteriöse Wesen und Palastbewohner

Während die **Blauer Prinz** Obwohl die Macht, die den Palast überragt, nicht die einzige Kraft ist, die Ihre Reise leitet oder behindert. Überall im Unendlichen Palast werden Sie auf seltsame Wesen und Wesen stoßen **geheimnisvolle Bewohner**– jeder mit seinen eigenen Absichten, Beweggründen und Rollen im großartigen Entwurf des Palastes.

Die vergessenen Wächter

Diese hoch aufragenden Figuren sind Überreste früherer Herrscher und Beschützer, die einst mit der Aufrechterhaltung der Palastgrenzen beauftragt waren. Jetzt wandern sie halb bewusstlos durch die Hallen und scheinen versteckte Durchgänge oder Artefakte zu bewachen. Ob sie Verbündete, Feinde oder einfach in ihren eigenen Pflichtzyklen versunken sind, ist unklar, aber der Umgang mit ihnen könnte mächtige Belohnungen mit sich bringen – oder tödliche Folgen.

Die Echos

Die Echos sind Stimmen, Einblicke oder Schatten, die erscheinen, wenn Sie bestimmte Räume erkunden. Einige scheinen frühere Besucher nachzuahmen, andere sind kryptische Warnungen und einige sind geradezu feindselig. Sie erscheinen und verschwinden ohne Erklärung, sodass man sich immer fragt, ob es sich um Projektionen des Palastes selbst handelt oder um tatsächlich verlorene Seelen, die in seinen Mauern gefangen sind.

Die königlichen Diener

Einst dem Blauen Prinzen treu ergeben, sind die königlichen Diener nun verdrehte Versionen ihrer früheren Persönlichkeiten und durchstreifen den Palast, um seine seltsamen Regeln aufrechtzuerhalten. Sie wirken vielleicht wie einfache Betreuer, aber in ihnen steckt eine spürbare Traurigkeit und ein Wahnsinn – einige bieten Hilfe an, während andere darauf bedacht zu sein scheinen, Sie in die Irre zu führen. Seien Sie vorsichtig, was Sie von ihnen akzeptieren, denn ihre Motive sind ebenso unklar wie die Geschichte des Palastes.

Die flüsternden Schatten

Diese schwer fassbaren Kreaturen sind oft mehr zu spüren als zu sehen. Flüstern hallt durch die Hallen, spricht in Rätseln oder gibt kryptische Ratschläge. Die Whispering Shadows stören nicht direkt, aber ihre Anwesenheit kann beunruhigend sein. Sie treten in der Regel dann auf, wenn der Spieler kurz vor einem Durchbruch steht – oder wenn er kurz davor steht, einen gefährlichen Fehler zu begehen.

2.4 Aufdecken versteckter Hintergrundgeschichten

Während Sie durch den Unendlichen Palast gehen, werden Sie auf Folgendes stoßen **Fragmente versteckter Hintergrundgeschichten–**Überlieferungen, die in den Räumen, Gegenständen und sogar in der Architektur des Palastes verstreut sind. Diese Fragmente ergänzen nicht nur den Aufbau der Welt; Sie liefern entscheidenden Kontext, der Ihre Reise und Entscheidungsfindung beeinflussen kann.

Zeitschriften und Tagebücher

Überall im Palast sind Tagebücher und persönliche Aufzeichnungen verstreut, die von früheren Besuchern oder Palastbewohnern hinterlassen wurden. Diese enthalten oft kryptische Hinweise auf die Herrschaft des Blauen Prinzen, Geheimnisse über den wahren Zweck des Palastes und Warnungen vor bestimmten Wegen. Die Einträge sind selten vollständig und das Zusammensetzen wird Teil des Rätsellösungserlebnisses des Spiels.

Die Relikte des Palastes

Artefakte im Palast sind oft mehr als nur Werkzeuge – sie enthalten das **Erinnerungen** der Vergangenheit. Manche Relikte lösen bei Berührung Visionen oder Rückblenden aus und offenbaren längst vergessene Ereignisse oder persönliche Geschichten. Diese Erinnerungen sind oft fragmentiert und müssen sorgfältig interpretiert werden, um verborgene Wahrheiten über den Palast und seine ursprünglichen Herrscher ans Licht zu bringen.

Sprachaufzeichnungen und Echos

Manchmal hören Sie schwache Aufnahmen oder Flüstern – Echos aus der Vergangenheit. Diese Geräusche könnten von kaputten Maschinen, alten Tonbändern oder anderen seltsamen Geräten stammen, die im ganzen Palast verstreut sind. Wenn man ihnen genau zuhört, kann man das erkennen **Hinweise** um Rätsel zu lösen und Einblicke in die tragische Geschichte derer zu gewähren, die vor Ihnen kamen.

Räume der verlorenen Zeit

Bestimmte Räume scheinen es zu sein **zeitlos**, außerhalb des normalen Flusses des Palastes vorhanden. Diese Räume bieten Einblicke in die Vergangenheit und geben manchmal sogar Antworten auf offene Fragen. Aber sie sind gefährlich, denn wenn man zu lange in diesen Räumen verweilt, könnte man in einen endlosen Kreislauf geraten, in dem sich die Vergangenheit ständig wiederholt.

KAPITEL 3: NAVIGATION DURCH DEN UNENDLICHEN PALAST

3.1 Palaststruktur und Bodenverlauf

Der **Unendlicher Palast** ist eine weitläufige, vielschichtige Struktur, die sich der traditionellen Architektur widersetzt. Es ist ein Ort, der sich ständig neu ordnet, sodass es schwierig ist, den Überblick darüber zu behalten, wo man sich befindet oder wo man war. Während Sie durch die Hallen gehen, werden Sie verschiedene Etagen erleben, jede mit ihren eigenen Herausforderungen, Umgebungen und Regeln. Der Palast ist unterteilt in **unterschiedliche Ebenen**, und wie Sie sich auf diesen Etagen zurechtfinden, ist entscheidend für Ihren Erfolg.

Die Basisebene: Eingang zum Unbekannten

Die erste Etage, auf die Sie stoßen, ist die **Eingang**, ein scheinbar vertrauter Bereich, der Sie in die Grundmechanik des Spiels einführen soll. Von hier aus werden Sie beginnen, den Grundriss des Palastes zu verstehen. Dieses Stockwerk ist zwar relativ einfach, aber lassen Sie sich nicht täuschen – es steckt voller Hinweise und wenn Sie es beherrschen, können Sie den Gefahren höherer Stockwerke begegnen.

Vertikale Ebenen der Komplexität

Je weiter man hinaufsteigt, desto abstrakter wird der Grundriss des Palastes. Jede Etage ist einzigartig, oft mit ineinandergreifenden Räumen, die den Gesetzen der Physik zu widersprechen scheinen. Treppen erscheinen und verschwinden, und sogar Böden können eben sein **Schleife zurück** auf sich selbst. Jede Etage führt neue Umgebungselemente und Rätsel ein und ändert manchmal die Regeln der Zeit selbst. Je weiter man geht, desto schwieriger ist es zu unterscheiden, wo eine Etage endet und eine andere beginnt. Der Schlüssel zum Fortschritt ist **versteckte Gänge freischalten** und die Umgebung um dich herum zu manipulieren.

Höhere Stockwerke freischalten

Während Böden prozedural generiert werden, sind einige **Schlüsselbereiche** muss freigeschaltet werden, um voranzukommen. Dazu können versteckte Passagen, spezielle Gegenstände, die Zugang gewähren, oder das Lösen komplexer Rätsel zu bestimmten Räumen gehören. Jede neue Etage bietet ihre eigenen Hindernisse und bietet weitere Einblicke in das Geheimnis rund um den Blauen Prinzen.

Der endgültige Aufstieg

Je näher Sie den oberen Stockwerken kommen, desto feindseliger wird der Palast und Ihr Zeitlimit wird immer kritischer. Die obersten Stockwerke bergen die größten Geheimnisse und fordern sowohl Ihren Intellekt als auch Ihre Geduld. Der endgültige Aufstieg ist von seltsamen Phänomenen wie Zeitverzerrungen oder Schwerkraftverschiebungen geprägt, die selbst die vertrautesten Räume wie völliges Neuland erscheinen lassen.

3.2 Raumtypen und ihre Funktionen

Nicht alle Räume im Palast sind gleich. Jede Zimmerkategorie bietet a **spezifische Funktion**, vom Lösen von Rätseln bis zum Verstecken mächtiger Relikte. Zu lernen, wie man mit diesen Räumen interagiert, ist sowohl für die Erkundung als auch für den Fortschritt von entscheidender Bedeutung. Hier sind einige der wichtigsten Zimmertypen, denen Sie begegnen werden:

Puzzle-Räume

Diese sind das Herzstück von *BLAUER PRINZ*ist das Gameplay. Rätselräume enthalten Herausforderungen, die von einfachen Logikproblemen bis hin zu mehrstufigen Rätseln reichen. Wenn Sie sie lösen, werden Sie oft belohnt **Schlüsselelemente**, neue Passagen, oder **verborgene Überlieferung**. Die Rätsel haben oft einen thematischen Bezug zur Raumgestaltung – achten Sie genau auf die visuellen und akustischen Hinweise in der Umgebung, um Hinweise zu erhalten.

Erinnerungsräume

Erinnerungsräume sind Räume, die Echos der Vergangenheit enthalten. Wenn Sie diese Räume betreten, erleben Sie vielleicht etwas **Visionen**, **Audioprotokolle**, oder **Einblicke ehemaliger Besucher**. Diese Räume sind der Schlüssel zur Aufdeckung der Geschichte des Blauen Prinzen und der Geschichte des Palastes. Das Betreten dieser Räume verändert oft die Art und Weise, wie Sie die Welt um Sie herum wahrnehmen, und kann wichtige Hinweise auf Ihren nächsten Schritt geben.

Schatzkammern

Auch wenn sie nicht immer vorhanden sind, bieten diese Räume wertvolle Dienste **Belohnungen** zum Erkunden und Eingehen von Risiken. Sie sind oft versteckt und können nur durch das Lösen komplizierter Rätsel oder das Aufschließen geheimer Pfade erreicht werden. Die Gegenstände in Schatzkammern können variieren von **Artefakte** die helfen, die Zeit zu manipulieren, bis hin zu Verbrauchsmaterialien, die Ihnen einen Vorteil bei Ihrer Suche verschaffen.

Fallenräume

Nicht jedes Zimmer im Palast ist freundlich. Fallenräume dienen dazu, unvorsichtige Abenteurer in die Irre zu führen und zu bestrafen. Diese Räume könnten haben **versteckte Fallstricke**, **tödliche Fallen**oder sich verschiebende Wände, die Ihren Fortschritt blockieren. Es ist wichtig, sich diesen Räumen vorsichtig zu nähern, denn ein falscher Schritt kann Sie wertvolle Zeit – oder sogar Ihr Leben – kosten. Achten Sie auf Anzeichen einer Gefahr, z **seltsame Geräusche**, **veränderte Beleuchtung**, oder **Bodenunstimmigkeiten**.

Heiligtumsräume

Heiligtumsräume sind selten, aber lebenswichtig. Diese Räume bieten eine Pause vom Chaos des Palastes und ermöglichen es Ihnen, sich auszuruhen, Ihre Gedanken zu sammeln und **aufladen**. In diesen Räumen vergeht die Zeit möglicherweise langsamer oder gar nicht und bietet Ihnen eine kurze Pause, um Ihre Fortschritte zu überprüfen oder Ihre Erkenntnisse zu überprüfen. Einige Heiligtumsräume können sogar halten **verborgene Überlieferung** das kommt in anderen Räumen nicht vor.

Boss-Zimmer

An bestimmten Punkten im Spiel werden Sie darauf stoßen **Boss-Zimmer**– Bereiche, die in bedeutenden Begegnungen oder intensiven Herausforderungen gipfeln. In diesen Räumen kann es sich um ein Rätsel, eine Entität oder eine übernatürliche Kraft handeln, die mit der Geschichte verknüpft ist. Die Eroberung dieser Räume ist notwendig, um voranzukommen, und oft sind spezielle Kenntnisse oder Gegenstände erforderlich, um die Herausforderung zu meistern. Boss-Räume dienen oft als Meilensteine in der größeren Erzählung des Unendlichen Palastes.

3.3 Kartenlese- und Orientierungstipps

An einem Ort, der so verwirrend ist wie der Unendliche Palast, **Navigation** kann zu einer Ihrer größten Herausforderungen werden. Da sich Räume und Layouts ständig ändern, wissen wir, wie das geht **Lesen Sie die Umgebung** und die Karte des Palastes zu interpretieren ist unerlässlich. Hier ein paar Tipps, die Ihnen helfen, die Orientierung zu behalten und auf dem richtigen Weg zu bleiben:

Das abstrakte Kartensystem des Palastes

Der Unendliche Palast bietet keine traditionelle Karte. Stattdessen müssen Sie sich auf a verlassen **abstraktes Kartensystem** das entwickelt sich, während Sie es erkunden. Jede Etage des Palastes offenbart ein **fragmentierte Karte**, und diese Fragmente stimmen nicht immer mit der physischen Anordnung des Palastes überein. Sie müssen es zusammensetzen **Verbindungen** Gehen Sie zwischen Räumen hin und her und achten Sie dabei auf Muster oder Orientierungspunkte, die sich wiederholen oder als Navigationshinweise dienen könnten.

Verwenden Sie visuelle Wahrzeichen

Da sich das Layout ständig ändert, **visuelle Orientierungspunkte** bist dein bester Freund. Einzigartige Statuen, bestimmte Türen oder sogar bestimmte **Muster auf dem Boden** können Ihnen als Orientierungshilfe dienen. Diese subtilen Hinweise sind Teil der Umweltgeschichte des Palastes und können Ihnen dabei helfen, zu zuvor erkundeten Bereichen oder wichtigen Räumen zurückzukehren.

Verstehen Sie Raumsymmetrie und -wiederholung

Bestimmte Bereiche des Palastes sind ausgestellt **Symmetrie**– sowohl im visuellen Design als auch in der Art der Herausforderungen, die sie mit sich bringen. Wenn Sie mit einem Zimmertyp vertraut sind, ist die Wahrscheinlichkeit groß, dass Sie auf einer anderen Etage auf ein ähnliches Design stoßen. Lernen **sich wiederholende Muster erkennen** kann Ihnen einen Eindruck davon vermitteln, wo Sie sich befinden und wie Sie Verknüpfungen finden.

Markieren Sie Ihren Fortschritt

Beim Erkunden ist es oft hilfreich, etwas zu machen **mentale Notizen** der Gebiete, die Sie bereits besucht haben. Wenn Sie digital spielen, sollten Sie darüber nachdenken, schnell Screenshots der Raumaufteilung zu machen oder sich Notizen auf Papier zu machen. Markieren Sie Räume, die wichtige Gegenstände, Rätsel oder Hinweise auf eine Geschichte enthalten. Dieser Vorgang spart Ihnen Zeit und hilft Ihnen, Ihre Schritte bei Bedarf zurückzuverfolgen.

Umwelthinweise zur Orientierung

Der Palast kann auch Hinweise auf die Umgebung liefern, die Ihnen helfen, Ihre Position im Verhältnis zum Grundriss des Palastes zu verstehen. Zum Beispiel Räume mit **leuchtende Lichter**, **Wettereffekte**, oder **Audio-Hinweise** (z. B. entfernte Windgeräusche oder Schritte) können auf bestimmte Etagen oder Bereiche hinweisen. Hören Sie genau zu, denn diese Geräusche können subtil sein, aber möglicherweise wertvolle Informationen für Ihren nächsten Schritt liefern.

3.4 Schnellreise- und Shortcut-Mechanik

Während *BLAUER PRINZ* Es gibt kein explizites „Schnellreise"-System im herkömmlichen Sinne, aber es gibt eines **Mechanismen** vorhanden, die eine schnellere Navigation durch den Palast ermöglichen, sobald Sie bestimmte Funktionen freigeschaltet haben. So nutzen Sie die Abkürzungen des Palastes:

Schnellreisepunkte freischalten

Überall im Palast werden Sie auf sie stoßen **besondere Räume** oder **Tortüren** die als Schnellreisepunkte dienen. In diesen Räumen muss oft ein Rätsel gelöst oder ein mächtiges Wesen besiegt werden. Sobald sie freigeschaltet sind, bieten sie Verknüpfungen zwischen wichtigen Bereichen des Palastes, sodass Sie bestimmte Etagen oder Räume überspringen können. Diese Punkte sind jedoch begrenzt, also nutzen Sie sie mit Bedacht!

Zeitgebundene Verknüpfungen

Einige vom Palast **Zeitbasierte Mechanik** ermöglichen es Ihnen, den Zeitfluss zu manipulieren und schneller auf bestimmte Räume zuzugreifen. Zum Beispiel mit **Artefakte** oder das Lösen bestimmter Rätsel kann entstehen **Zeitanomalien** die Ihnen vorübergehenden Zugang zu Räumen ermöglichen, an denen Sie möglicherweise zuvor vorbeigekommen sind. Halten Sie unbedingt Ausschau nach zeitbezogenen Hinweisen oder Artefakten, die Ihnen helfen könnten, Ihre Reise zu beschleunigen.

Portalräume

In seltenen Fällen ist der Palast zu sehen **Portalräume**– magische Türen, die Sie zwischen den Etagen transportieren. Bei diesen Portalen müssen Sie oft komplexe Rätsel lösen oder Gegenstände opfern, um sie zu öffnen. Der Trick besteht darin, sie zu lokalisieren und die Bedingungen zu verstehen, die die Portale aktivieren, wie etwa die Ausrichtung von Artefakten oder spezifische Interaktionen mit Wesenheiten im Palast.

Geschwindigkeitssteigernde Artefakte

Einige der Artefakte, die Sie während Ihrer Reise sammeln, bieten Ihnen etwas **Geschwindigkeitssteigerungen** oder erhöhen Sie Ihre **Mobilität**So können Sie sich schneller durch den Palast bewegen oder bestimmte Hindernisse umgehen. Diese Gegenstände teleportieren Sie nicht sofort, aber sie können die Zeit, die Sie zum Durchqueren großer Teile des Palastes benötigen, erheblich verkürzen. Experimentieren Sie unbedingt mit verschiedenen Werkzeugkombinationen, um herauszufinden, welche Elemente Ihnen einen Vorteil verschaffen.

KAPITEL 4: RÄTSEL UND HERAUSFORDERUNGEN

4.1 Rätseltypen und Logikmuster

In *BLAUER PRINZ*, Rätsel stehen im Mittelpunkt Ihrer Reise durch den Palast. Der Palast ist mit einer Vielzahl von gefüllt **Puzzle-Typen**, die jeweils unterschiedliche Lösungsansätze erfordern. Diese Rätsel sollen nicht nur Ihren Intellekt auf die Probe stellen, sondern Sie auch in die Atmosphäre des Palastes eintauchen lassen. Hier ist eine Aufschlüsselung der häufigsten Rätseltypen, denen Sie begegnen werden:

Umwelträtsel

Diese Rätsel beruhen auf der Manipulation der Umgebung des Palastes. Räume können aufgrund Ihrer Aktionen ihre Form, ihr Licht oder ihren Klang verändern, sodass Sie die richtige Reihenfolge oder Positionierung herausfinden müssen. Möglicherweise müssen Sie dies beispielsweise tun **Statuen drehen** bestimmte Muster aneinanderreihen bzw **Spiegel einstellen** um Lichtstrahlen zu reflektieren. Die Lösung besteht häufig darin, subtile Hinweise in der Umgebung wahrzunehmen, beispielsweise die Position von Schatten oder die Platzierung von Objekten.

Symbol- und Mustervergleich

Der Palast ist voller seltsamer Symbole und Muster, von denen viele Hinweise auf das Aufschließen von Türen, geheimen Kammern oder den Zugang zu verborgenen Wegen verbergen. **Passende Symbole**Übliche Aufgaben sind das Anordnen von Spielsteinen in der richtigen Reihenfolge oder das Lösen eines Puzzles, das zu den architektonischen Motiven des Palastes passt. Diese Rätsel können Ihre Beobachtungsfähigkeiten auf die Probe stellen und erfordern, dass Sie wiederkehrende Muster bemerken oder logische Verbindungen zwischen Symbolen herstellen.

Mechanische und gerätebasierte Rätsel

Wenn Sie den Palast erkunden, werden Sie auf Räume voller ... stoßen **seltsame Geräte**– Hebel, Knöpfe und Drehmechanismen. Bei diesen Rätseln müssen Sie normalerweise bestimmte Teile der Umgebung manipulieren, um einen Durchgang freizuschalten oder eine Maschine zu aktivieren. Die Herausforderung liegt oft im Timing, da Sie möglicherweise mehrere Aufgaben gleichzeitig erledigen oder herausfinden müssen, wie Sie die Aktivierung verschiedener Geräte ausbalancieren, um das gewünschte Ergebnis zu erzielen.

Gedächtnis- und Sequenzrätsel

Bei einigen Rätseln im Palast ist dies erforderlich **erinnern** eine Abfolge von Ereignissen, Geräuschen oder visuellen Mustern, die Ihnen zuvor begegnet sind. Möglicherweise müssen Sie dies beispielsweise tun **Erinnern Sie sich an die Tonfolge, die auf einem Klavier gespielt wird** oder die Reihenfolge der Symbole, die Ihnen in einem vorherigen Raum präsentiert wurden. Bei diesen Rätseln geht es oft darum, Ihre Schritte zurückzuverfolgen oder Notizen, Tagebücher oder sogar Umwelthinweise zu verwenden, um sich an bestimmte Details zu erinnern.

Auswahlbasierte Rätsel

Bestimmte Räume im Palast bieten Ihnen Wahlmöglichkeiten – von denen einige den Verlauf des Spiels verändern könnten. Diese Rätsel fordern Sie dazu heraus **Entscheiden Sie sich zwischen zwei oder mehr Optionen**, wobei jede Wahl unterschiedliche Konsequenzen hat. Die Entscheidungen sind möglicherweise nicht immer offensichtlich, daher wird Ihnen ein sorgfältiges Nachdenken und Verständnis der Erzählthemen des Palastes dabei helfen, eine kluge Wahl zu treffen.

4.2 **Umweltinteraktionen**

In *BLAUER PRINZ*Der Palast selbst spielt eine aktive Rolle bei der Gestaltung des Rätselerlebnisses. Die Umgebung dient nicht nur als Kulisse für Ihre Abenteuer, sondern ist eng mit dem Rätsellösungsprozess verknüpft. So ist der Palast **Umweltinteraktionen** ins Spiel kommen:

Interaktive Objekte

Während Ihrer Erkundung werden Sie Objekte finden, mit denen Sie interagieren können – Bücherregale, die bewegt werden können, **Geheimtafeln** das geöffnet werden kann, und **Möbel** das lässt sich neu positionieren. Viele dieser Objekte dienen als Grundlage für Rätsel, und die Interaktion mit ihnen löst oft versteckte Mechanismen aus oder enthüllt Hinweise. Zum Beispiel das Ziehen von a **Hebel** könnte einen versteckten Raum offenbaren, während Sie a drücken **Taste** könnte eine neue Passage freischalten.

Licht- und Schattenmanipulation

Viele Räume im Palast sind darauf angewiesen **Licht und Schatten** zum Rätsellösen. Möglicherweise müssen Sie die Position von Lichtquellen manipulieren, um Schatten in einer bestimmten Form zu werfen oder Lichtstrahlen zu reflektieren, um verborgene Hinweise aufzudecken. **Fenster, Kerzen, Spiegel**, und sogar magische Lichtquellen sind Schlüsselkomponenten in solchen Rätseln. Zu verstehen, wie Licht mit dem Raum interagiert, ist oft der Schlüssel zur Erschließung der nächsten Phase Ihrer Reise.

Umgebungsgeräusche und Audiohinweise

Der Palast nutzt **Klang** als Werkzeug zum Lösen von Rätseln. Sie werden oft auf Räume mit stoßen **Audio-Hinweise**, wie der Klang einer fernen Glocke, das Ticken einer Uhr oder eine sanfte Melodie. Diese Geräusche können der Reihenfolge der Aktionen entsprechen, die Sie ausführen müssen, oder Hinweise auf versteckte Räume oder Fallen geben. Manchmal sind diese akustischen Hinweise so subtil, dass Sie genau hinhören müssen, um das Muster zu erkennen oder die Richtung zu bestimmen, in die Sie sich bewegen müssen.

Interaktive NPCs und Entitäten

Während viele der Wesenheiten im Palast feindselige oder passive Beobachter sind, können andere als Beobachter dienen **interaktive NPCs** die Hinweise oder Hilfe bieten können. Manche **Flüsternde Schatten**, könnte zum Beispiel kryptische Hinweise liefern, wenn Sie sie richtig angehen, während die **Königliche Diener** kann im Austausch für bestimmte Gegenstände oder Aufgaben Anleitung anbieten. Um bestimmte Umweltherausforderungen zu meistern, ist es entscheidend zu lernen, wie man mit diesen Zahlen umgeht.

Veränderte Physik und Schwerkraft

Wenn Sie durch den Palast aufsteigen, werden Sie auf Räume stoßen, in denen die **Gesetze der Physik** scheinen zusammenzubrechen. In bestimmten Kammern **Die Schwerkraft kann sich verschieben**oder Objekte könnten sich auf unmögliche Weise verhalten. Diese veränderten Gesetze sind oft der Schlüssel zur Lösung von Rätseln – was wie ein Hindernis erscheint, kann tatsächlich der Weg nach vorne sein. Um diese komplexeren Rätsel zu meistern, ist es entscheidend zu lernen, wie sich die Umgebung verändert, und sich daran anzupassen.

4.3 Zeitbasierte und sequenzielle Rätsel

Die Zeit spielt dabei eine entscheidende Rolle *BLAUER PRINZ*, wobei bestimmte Rätsel erfordern, dass Sie nach innen handeln **strenge Fristen** oder in einer bestimmten Reihenfolge. Diese Herausforderungen sollen nicht nur Ihre Fähigkeiten zur Problemlösung, sondern auch Ihre Fähigkeit dazu testen **Zeit effektiv verwalten** und antizipieren Sie die richtigen Momente zum Handeln. Hier sind die Arten von Zeit- und Sequenzrätseln, denen Sie begegnen werden:

Zeitgesteuerte Schlösser und Türen

Einige Zimmer sind **hinter zeitgesteuerten Mechanismen verschlossen**, sodass Sie Schalter oder Geräte innerhalb eines bestimmten Fensters aktivieren müssen. Die Herausforderung besteht darin, das herauszufinden **optimale Abfolge von Aktionen**– Eine zu frühe oder zu späte Aktivierung eines Schalters kann zum

Ausfall führen. Bei diesen Rätseln geht es oft um die Verwendung **mehrere Geräte oder Hebel** Gleichzeitig wird Zeitmanagement zum Schlüsselfaktor, um sicherzustellen, dass alles in Ordnung ist, bevor der Timer abläuft.

Sequenzgedächtnisrätsel

Bei einigen Rätseln geht es um alles **erinnern** und das Nachbilden einer Abfolge von Ereignissen, Mustern oder Geräuschen innerhalb eines bestimmten Zeitrahmens. Möglicherweise stoßen Sie auf eine Situation, in der **konkrete Aktionen** müssen in einer bestimmten Reihenfolge ausgeführt werden (z. B. das Drücken einer Reihe von Knöpfen, das Ziehen von Hebeln oder das Anordnen von Objekten). Sobald Sie die richtige Sequenz gesehen haben, ist es ein Wettlauf gegen die Zeit, sie zu reproduzieren, bevor die Sequenz zurückgesetzt wird.

Zeitverschiebung und veränderte Zustände

In bestimmten Bereichen des Palastes **Die Zeit selbst verbiegt sich**, und Sie müssen dies möglicherweise zu Ihrem Vorteil nutzen. Beispielsweise müssen Sie möglicherweise auf bestimmte Ereignisse oder Änderungen warten, bevor Sie handeln können. In diesen Szenarien a **zeitbezogenes Rätsel** könnte von Ihnen verlangen **Warten Sie, bis Objekte ihre Position ändern**Gehen Sie Ihre Schritte zurück, um zuvor unzugängliche Bereiche zu erreichen. Einige Bereiche können ebenfalls vorhanden sein **Zeitverzerrungen**, wo Sie gezwungen sind, den Fluss der Zeit zu manipulieren (beschleunigen oder umkehren), um Rätsel zu lösen.

Druckplatten-Timer

Zimmer mit **Druckplatten** Oftmals müssen Sie mehrere Gegenstände finden und auf bestimmte Platten legen, um Mechanismen zu aktivieren. Diese Druckplatten können jedoch mit zeitlichen Einschränkungen verbunden sein, was bedeutet, dass Sie dies tun müssen **Platzieren Sie alle Gegenstände schnell** bevor der Mechanismus zurückgesetzt wird. Wenn Sie Ihre Bewegungen zeitlich planen und im Voraus planen, stellen Sie sicher, dass Sie das schmale Fenster zum Auslösen des Mechanismus nicht verpassen.

4.4 So entschlüsseln Sie Hinweise und versteckte Symbole

Der Unendliche Palast ist voll von **kryptische Symbole** Und **Hinweise**, von denen viele der Schlüssel zum Fortschritt im Spiel sind. Das Entschlüsseln dieser versteckten Nachrichten ist für das Lösen von Rätseln und das Aufdecken von Geheimnissen unerlässlich. Halten Sie auf Ihrer Reise durch den Palast ein scharfes Auge auf diese subtilen Hinweise und befolgen Sie diese Tipps, um ihre Bedeutung zu entschlüsseln:

Symbolik verstehen

Die Rätsel des Palastes beinhalten oft **alte oder obskure Symbole**. Das könnten sein **in Wände geätzt**, in Artefakte eingraviert oder in der Umgebung versteckt. Während einige dieser Symbole erscheinen können **zufällig** Zuerst folgen sie oft **kulturelle, mythische oder mathematische Themen**. Sich mit gängigen visuellen Mustern vertraut zu machen – etwa geometrischen Formen, alchemistischen

Symbolen oder Motiven, die sich auf Zeit und Raum beziehen – kann dabei helfen, deren Bedeutung zu verstehen.

Umweltkontext

Die Umgebung, in der Sie die Symbole finden, bietet oft den entscheidenden Kontext. Zum Beispiel ein Raum gefüllt mit **alte Bücher** kann Symbole enthalten, die an eine alte Sprache gebunden sind oder **Ritual**. Alternativ ein Raum, der enthält **Wasser oder reflektierende Oberflächen** können Symbole enthalten, die mit der Manipulation von Licht oder Reflexionen verbunden sind. **Umweltkontext** hilft Ihnen, die Symbole mit der umfassenderen Überlieferung des Spiels und den Geheimnissen des Unendlichen Palastes zu verbinden.

Klang und Farbe als Hinweise

Der Palast wird oft genutzt **Farbe** Und **Klang** Hinweise zu verstärken. Beispielsweise können bestimmte Symbole in bestimmten Farbtönen leuchten oder bei Aktivierung ein leises Summen von sich geben. Diese **Farbhinweise** beziehen sich oft darauf **Rätsellösungen**B. das Anordnen von Objekten anhand ihres Farbspektrums in der richtigen Reihenfolge oder das Aktivieren verborgener Mechanismen, die durch bestimmte Tonfrequenzen ausgelöst werden.

Rätsel und Sätze entschlüsseln

Manchmal werden Symbole und versteckte Botschaften begleitet **Rätsel** oder **kryptische Phrasen**. Diese Rätsel können als Teil eines Puzzles oder als Nachricht von früheren Besuchern erscheinen. Um sie zu entschlüsseln, müssen Sie darauf achten **Sprachmuster**, Metaphern und kulturelle Bezüge. Die Rätsel erfordern oft, dass Sie

sie verwenden **Logik und Querdenken**– haben Sie also keine Angst, sie kreativer zu interpretieren.

Codes brechen

Einige Rätsel können beinhalten **Code knacken**– etwa das Entschlüsseln einer Folge von Symbolen, die wichtige Nachrichten oder Hinweise verbergen. Möglicherweise müssen Sie Muster innerhalb der Symbole identifizieren oder sie mit Querverweisen versehen **alte Schriften** oder Tagebücher, die Sie früher auf Ihrer Reise entdeckt haben. Beim Knacken von Codes geht es häufig um Spott **wiederholte Elemente** oder **Substitutionen** innerhalb der Symbole, sodass Sie deren Bedeutung rückentwickeln können.

KAPITEL 5: DER 24-STUNDEN-COUNTDOWN

5.1 Den Zeitlimitmechanismus verstehen

In *BLAUER PRINZ*, Zeit ist mehr als nur ein Hintergrundelement – sie ist ein **zentrale Spielmechanik** Das beeinflusst jede Entscheidung, die Sie treffen. Der Palast unterliegt strengen Regeln **Zeitlimit**, was Ihrer Erkundung und dem Lösen von Rätseln eine zusätzliche Spannung und Dringlichkeit verleiht. So funktioniert die Zeitmechanik:

Die Zeit vergeht

Während Ihrer Reise im Unendlichen Palast werden Sie sich dessen ständig bewusst sein **Zeitlimit**. Sie beginnen mit einem **endliche Zeitspanne** Ziele zu erkunden und zu erreichen. Zwar gibt es bestimmte **Heiligtumsräume** die es ermöglichen, die Zeit zu verlangsamen oder sogar anzuhalten. Meistens läuft die Uhr im Hintergrund und bestimmt das Tempo Ihres Fortschritts. Die Zeit im Spiel wird oft durch einen visuellen oder akustischen Hinweis dargestellt, wie z **Countdown-Uhr** oder **Herzschlaggeräusch** Das verstärkt sich, wenn der Timer abläuft.

Den Zeitdruck bewältigen

Der Zeitdruck beeinflusst, wie Sie sich den einzelnen Abschnitten des Palastes nähern. Bei manchen Etagen könnte es erforderlich sein, **schnelle Entscheidungsfindung**, während andere möglicherweise eine sorgfältigere Erkundung ermöglichen. Es ist wichtig **priorisieren** Ihre Ziele – einige Rätsel oder Räume können übersprungen werden, während andere für den Fortschritt entscheidend sind. Das müssen

Sie **Balance zwischen Schnelligkeit und Gründlichkeit**, um zu entscheiden, wann es sich lohnt, durchzueilen und wann es wichtig ist, langsamer zu fahren, um Hinweise zu sammeln und komplizierte Rätsel zu lösen.

Auswirkungen der Frist

Je näher das Zeitlimit abläuft, desto mehr wird das Spiel **feindselig**. Bestimmte Räume könnten werden **gefährlicher** Mit fortschreitender Zeit werden die Feinde stärker, die Umgebung instabiler oder Fallen werden aktiviert. Dieser zunehmende Schwierigkeitsgrad erinnert Sie ständig daran, unter welchem Zeitdruck Sie stehen. Es gibt jedoch welche **Möglichkeiten, die Frist zu verlängern**B. durch das Lösen bestimmter zeitbezogener Rätsel oder das Entdecken von Besonderheiten **zeitverändernde Artefakte** im ganzen Palast versteckt.

Game Over-Bedingungen

Wenn der Timer abgelaufen ist, bedeutet das nicht unbedingt, dass das Spiel vorbei ist – aber es wird ausgelöst **Konsequenzen**. Wenn Sie beispielsweise einen Teil des Palastes nicht innerhalb der Frist fertigstellen, kann dies zu einer Strafe führen **Rückschlag** oder ein Verlust von Ressourcen. Möglicherweise müssen Sie von a aus neu starten **Kontrollpunkt**, aber in manchen Fällen könnten Sie gezwungen sein, frühere Abschnitte mit abzuspielen **erhöhte Herausforderungen**.

5.2 Was löst Zeitereignisse aus?

Bestimmte Ereignisse innerhalb des Unendlichen Palastes sind damit verbunden **spezifische zeitbasierte Auslöser**. Diese Auslöser beeinflussen nicht nur die Geschichte, sondern schalten auch kritische Momente im Gameplay frei und verändern die Art und Weise, wie Sie den Palast erleben. Hier sehen Sie, was diese verursacht **Zeitereignisse** und wie Sie sie zu Ihrem Vorteil nutzen können:

Zeitverschiebungen in der Umwelt

Der Palast selbst hat eine **geheimnisvolle Beziehung zur Zeit**, und das spiegelt sich in der wider **Umweltveränderungen** die in unterschiedlichen Abständen auftreten. Einige Räume ändern im Laufe der Zeit ihr Aussehen, ihre Anordnung oder sogar das Verhalten von Feinden. Diese Umgebungsveränderungen können nur auftreten, wenn der Timer bestimmte Meilensteine erreicht oder wenn Sie bestimmte Bereiche betreten. Beispielsweise kann ein Raum, der zunächst sicher erscheint, nach und nach sicher werden **gefährlicher** wenn die Frist näher rückt.

Mit der Zeitmechanik bestimmte Ereignisse auslösen

Bestimmte Ziele können nur nach bestimmten erreicht werden **Zeitereignisse** geschehen. Zum Beispiel in einem Teil des Spiels, a **Die Tür öffnet sich möglicherweise erst nach Ablauf einer bestimmten Zeit**, oder Sie müssen möglicherweise auf eine bestimmte warten **Zeitzyklus** abgeschlossen sein, bevor Sie einen Mechanismus aktivieren können. Diese Ereignisse können verknüpft werden **Tag-Nacht-Zyklen**, **saisonale Veränderungen**, oder sogar **sich verändernde historische Momente** innerhalb der Zeitleiste des

Palastes. Das Erkennen dieser Momente ist entscheidend für das Timing Ihrer Aktionen und das Lösen bestimmter Rätsel.

Feinde reagieren auf die Zeit

Einige Feinde oder Palastbewohner sind es **zeitkritisch** in der Natur. Diese Feinde könnten werden **stärker, aggressiver**, oder **Form ändern** abhängig davon, wie viel Zeit im Spiel vergangen ist. Zum Beispiel könnte es ein schwächerer Gegner sein **in eine leistungsstärkere Variante verwandeln** nachdem ein festgelegter Zeitgrenzwert erreicht wurde, oder ein Feind erscheint möglicherweise erst, wenn das Zeitlimit einen bestimmten Punkt erreicht. Das Verständnis dieser Muster ist der Schlüssel dazu **Strategisieren Sie Ihren Kampf** und Verteidigungstaktiken.

Zeitgesteuerte Sequenzen in der Geschichte

Bestimmte Schlüsselmomente der Handlung oder Story-Beats sind **ausgelöst durch Zeitereignisse**. Um beispielsweise eine versteckte Kammer zu öffnen, kann es erforderlich sein, auf eine bestimmte Aufgabe zu warten **zeitbezogenes Geschehen**, wie etwa die Ausrichtung von Himmelskörpern oder a **historisches Ereignis** das zu einem bestimmten Zeitpunkt in der Zeitleiste des Palastes stattfindet. Diese Ereignisse liefern oft wichtige Informationen **narrative Einsichten** und kann sogar die Richtung Ihrer Suche beeinflussen.

5.3 Zeitmanagementstrategien

In *BLAUER PRINZ*, **effektives Zeitmanagement** ist für das Überleben und den Fortschritt unerlässlich. Angesichts des allgegenwärtigen Zeitdrucks ist es von entscheidender Bedeutung, Ihre Maßnahmen auszubalancieren und die richtigen Ziele zu priorisieren. Hier sind einige Strategien, die Ihnen helfen, beim Navigieren durch den Palast den Überblick über Ihre Zeit zu behalten:

Priorisieren Sie wichtige Ziele

Nicht jede Aufgabe im Palast ist gleich dringend. Einige Bereiche erfordern möglicherweise eine Lösung **Rätsel** oder vollständige Nebenziele, die wichtig sind, aber nicht **kritisch** zum Fortschritt. Stets **Priorisieren Sie die Hauptziele** die Sie der Erschließung neuer Gebiete oder dem Vorantreiben der Geschichte näher bringen. Nebenaufgaben können verschoben werden, wenn sie sich nicht auf Ihre unmittelbaren Ziele auswirken.

Erkundungsrouten optimieren

Die Erkundung ist ein zentraler Aspekt des Spiels, kann jedoch wertvolle Zeit verschlingen. Um Zeitverschwendung zu minimieren, planen Sie Ihre **Erkundungsroute** der Zeit voraus. Vermeiden Sie zielloses Umherirren; Gehen Sie stattdessen direkt zu den Bereichen, von denen Sie wissen, dass sie wichtig sind **Gegenstände, Hinweise oder Mechanismen**. Benutzen Sie Ihre **Kenntnisse im Kartenlesen** aus früheren Kapiteln, um Ihnen bei der effizienten Navigation zu helfen und unnötiges Zurückverfolgen zu vermeiden.

Setzen Sie Zeitverlängerungselemente mit Bedacht ein

Es gibt bestimmte Gegenstände im Palast **Verlängern Sie Ihre Zeit** oder **verlangsamen Sie die Uhr** vorübergehend. Diese Gegenstände sind oft selten oder schwer zu bekommen, daher ist es wichtig, sie sofort zu verwenden **richtigen Moment**. Verschwenden Sie sie nicht gleich zu Beginn – bewahren Sie sie für kritische Momente auf, beispielsweise während **Bosskämpfe**, komplexe Rätselsequenzen oder in besonders gefährlichen Bereichen, in denen die Zeit von entscheidender Bedeutung ist.

Überwachen Sie Umwelteinflüsse

Bestimmte Umwelteinflüsse, wie z **wechselndes Licht, Klangmuster**, oder sogar **Farbveränderungen**, zeigen an, wenn die Zeit knapp wird oder sich die Umgebung verändert. Achten Sie genau auf diese Hinweise, da sie das signalisieren können **Das Ende des Zeitzyklus nähert sich** oder eine wichtige Veränderung im Palast. Wenn Sie frühzeitig auf diese Veränderungen reagieren, haben Sie mehr Zeit, notwendige Aufgaben zu erledigen, bevor sie schwieriger oder gefährlicher werden.

Übe effizienten Kampf

Kampfbegegnungen können sowohl Zeit als auch Ressourcen verbrauchen, daher ist es wichtig, dies zu tun **Besiege Feinde schnell** ohne unnötige Risiken einzugehen. Erwägen Sie die Verwendung **Fahrerflucht-Taktik, Fernkampfwaffen**, oder **besondere Fähigkeiten** um Feinde effizient zu besiegen, ohne sich auf längere Schlachten einzulassen. Vermeiden Sie es, Ihre Anstrengungen bei schwächeren Gegnern zu überfordern, es sei denn, diese versperren Ihnen den Weg zu wichtigen Zielen.

Zeitsparende Abkürzungen und schnelles Reisen

Beim Entsperren **Schnellreisepunkte** oder **Verknüpfungen**, nutzen Sie sie zu Ihrem Vorteil. Diese zeitsparenden Mechanismen können die Zeit, die zum Erreichen wichtiger Orte benötigt wird, drastisch verkürzen, sodass Sie keine Rückschritte mehr machen müssen und sich auf das Wesentliche konzentrieren können **wichtige Herausforderungen** voraus.

5.4 Zurückspulen oder Zurücksetzen der Schleife

Eines der einzigartigen und aufregenden Features in *BLAUER PRINZ* ist die Fähigkeit dazu **zurückspulen** oder **Setzen Sie die Zeitschleife zurück** in bestimmten Situationen. Mit dieser Funktion können Sie die Zeitleiste des Palastes zu Ihrem Vorteil manipulieren, insbesondere wenn Sie sich in schwierigen Situationen befinden. So nutzen Sie diese Mechanik effektiv:

Die Zeitschleife verstehen

Die Zeitschleifenmechanik ist ein integraler Bestandteil des Gameplays und ermöglicht es Ihnen **Zeit zurückspulen** zurück zu einem bestimmten Punkt. Dieser Mechanismus kommt ins Spiel, wenn Sie bestimmte Werte erreichen **Kritische Fehlerpunkte**– etwa wenn die Zeit davonläuft, im Kampf stirbt oder eine wichtige Aufgabe nicht erledigt wird. Durch Zurücksetzen der Schleife können Sie dies tun **Konsequenzen vermeiden** und wiederholen Sie die vorherigen Abschnitte mit **neues Wissen** des Rätsels oder der Begegnung. Dies kann besonders nützlich sein, wenn Sie es mit schwierigen Gegnern oder zeitkritischen Rätseln zu tun haben.

Verwendung der Zeitrückstellung

Sie können die Funktion zum Zurücksetzen der Zeit nicht unbegrenzt nutzen – sie ist an bestimmte Zeiträume gebunden **Kontrollpunktmarkierungen** oder **zeitverändernde Artefakte** die Sie während Ihrer Reise freischalten. Sobald diese Artefakte ausgelöst wurden, können Sie die Zeitleiste auf a zurücksetzen **sicherer Kontrollpunkt**. Allerdings ist jede Nutzung des Resets begrenzt und oft an bestimmte Bedingungen gebunden **Erzählerische Meilensteine** oder Veranstaltungen. Es ist wichtig, Ihre zu planen **Die Zeit läuft zurück** strategisch vorgehen und sie nur bei Bedarf einsetzen.

Folgen des Zurücksetzens der Schleife

Das Zurücksetzen des Regelkreises kann zwar ein wertvolles Hilfsmittel sein, ist jedoch nicht ohne Risiken. Wenn du **Zeit zurückspulen**, das findet man oft **einige Elemente bleiben gleich**, aber andere können sich ändern. **Feinde könnten wieder erscheinen** In verschiedenen Positionen können Rätsel zurückgesetzt werden, und zwar sicher **Ereignisse können unterschiedlich auslösen**. Um die Zeitschleife effektiv nutzen zu können, ist es wichtig zu verstehen, wie die Umgebung und der Palast auf Zurücksetzungen reagieren.

Weitere Loop-Funktionen freischalten

Im Laufe des Spiels werden Sie weitere freischalten **Fähigkeiten zur Zeitmanipulation**B. das Verlangsamen der Zeit oder das vorübergehende Einfrieren für bestimmte Bereiche. Diese erweiterten Fähigkeiten erweitern die strategischen Möglichkeiten, die zum Zurückspulen der Zeit zur Verfügung stehen, und ermöglichen es Ihnen, nicht nur die zu manipulieren **vergangene**

Ereignisse aber auch **zukünftige Ergebnisse**. Diese Fähigkeiten erfordern jedoch Vorsicht **Ressourcenmanagement**, da sie Ihr Geld erschöpfen können **Zeitreserven** oder bei übermäßigem Gebrauch unbeabsichtigte Folgen haben.

Taktischer Einsatz im Kampf

Während des Kampfes kann die Möglichkeit zum Zurückspulen der Zeit gegeben sein **Game-Changer**. Wenn du dich selbst findest **von Feinden überwältigt** oder nicht in der Lage sind, einen Kampf innerhalb des Zeitlimits abzuschließen, können Sie dies durch Zurückspulen tun **Begegnungen wiederholen** mit einem besseren Verständnis des feindlichen Verhaltens und der Angriffsmuster. Sie können diese Funktion auch verwenden, um andere zu erkunden **Kampfstrategien**Lernen Sie aus Ihren Fehlern, ohne den Fortschritt zu verlieren.

KAPITEL 6: GEGENSTÄNDE, WERKZEUGE UND ARTEFAKTE

6.1 Inventarsystem erklärt

Der **Inventarsystem** In *BLAUER PRINZ* soll Ihnen bei der Bewältigung der verschiedenen Aufgaben helfen **Waffen, Artikel**, Und **Artefakte** Sie werden während Ihrer Reise sammeln. Es handelt sich nicht nur um eine einfache Sammlung von Werkzeugen; Es ist ein wesentlicher Bestandteil Ihres Überlebens und Fortschritts. Hier ein Überblick über die Funktionsweise:

Inventarkategorien

Das Inventar ist in mehrere unterteilt **Kategorien**, die jeweils einem bestimmten Zweck dienen. Sie können zwischen ihnen wechseln, um auf verschiedene Arten von Elementen zuzugreifen. Zu den gängigen Kategorien gehören:

- **Waffen:** Fernkampf-, Nahkampf- oder magische Werkzeuge, die zur Verteidigung und zum Angriff eingesetzt werden.
- **Verbrauchsmaterial:** Heiltränke, zeitverlängernde Gegenstände, Buffs und andere Gegenstände zur einmaligen Verwendung.
- **Artefakte:** Spezielle Gegenstände, die an die Geschichte gebunden sind und sowohl passive als auch aktive Effekte bieten (z. B. Zeitmanipulation).
- **Schlüsselelemente:** Gegenstände, die für den Fortschritt der Handlung notwendig sind, wie z. B. Werkzeuge zum Lösen von Rätseln oder questbezogene Objekte.
- **Verschiedenes:** Dazu können Bastelmaterialien, Notizen, Tagebücher und andere Informationsgegenstände gehören.

Artikelverwaltung

Dein **Lagerraum** ist begrenzt, was bedeutet, dass Sie sorgfältig entscheiden müssen, was Sie behalten und was Sie zurücklassen möchten. Beim Erkunden werden Sie auf etwas stoßen **Speicherpunkte** oder **sichere Zonen** Hier können Sie überschüssige Artikel aufbewahren und später darauf zugreifen. Diese Flecken sind jedoch häufig **selten und weit voneinander entfernt**, also wirst du es tun müssen **Raum effizient verwalten** und priorisieren Sie die wichtigsten Elemente.

Artikelhaltbarkeit

Bestimmte Gegenstände, insbesondere Waffen und Werkzeuge, können vorhanden sein **Haltbarkeitsstatistiken**. Mit der Zeit, wenn Sie sie im Kampf oder beim Lösen von Rätseln einsetzen, lässt ihre Wirksamkeit nach. Das müssen Sie **reparieren oder ersetzen** beschädigte Gegenstände, um eine optimale Leistung aufrechtzuerhalten. Es ist wichtig, auf die Haltbarkeit Ihrer Ausrüstung zu achten – insbesondere bei längeren Begegnungen oder tiefer gelegenen Teilen des Palastes, wo es schwierig sein kann, Ersatz zu finden.

Artikelnutzung und Hotbar

Sie können einem Element Elemente zuweisen **Schnellzugriffs-Hotbar**, was einen schnelleren Einsatz in angespannten Situationen ermöglicht. Beispielsweise möchten Sie möglicherweise während eines harten Kampfes schnell auf Heiltränke zugreifen oder bei zeitkritischen Rätseln auf ein zeitveränderndes Artefakt zugreifen. **Strategische Artikelplatzierung** auf Ihrer Hotbar stellt sicher, dass Sie keine wertvolle Zeit damit verschwenden, Ihr Inventar zu durchsuchen, wenn Kämpfe oder Rätsel schnelle Reaktionen erfordern.

Upgrades und Anpassungen

Während Ihrer Reise werden Sie es finden **Upgrade-Materialien** das Ihre Artikel verbessern kann. Zum Beispiel könnten Sie finden **Upgrade-Steine** Das kann den Schaden Ihrer Waffe erhöhen oder **magische Runen** die die Macht deiner Artefakte verstärken. Diese Upgrades sind häufig an bestimmte Upgrades gebunden **Ziele oder verborgene Schätze**, regt zum Erkunden an und belohnt diejenigen, die Zeit investieren, um alles zu entdecken, was der Palast zu bieten hat.

6.2 Schlüsselelemente und ihre Verwendung

In *BLAUER PRINZ*, bestimmt **Schlüsselelemente** wird für Ihren Fortschritt von entscheidender Bedeutung sein. Das sind nicht gerecht **einfache Werkzeuge**; Es handelt sich um Gegenstände von großer Bedeutung, die oft mit der Handlung, wichtigen Quests oder kritischen Zeitereignissen verknüpft sind. Hier ist ein Blick auf einige der wichtigsten Artikel und ihre Verwendung:

1. Der Chrono-Scherbe

Der **Chrono-Scherbe** ist ein Artefakt, mit dem Sie die Zeit auf bestimmte Weise manipulieren können. Es ist entscheidend für die Lösung **Zeitbasierte Rätsel** Und **bestimmte Ereignisse zurücksetzen**. Wenn es aktiviert ist, kann es entweder **die Rückspulzeit für kurze Zeit** oder frieren Sie die Zeit vorübergehend ein, um gefährliche

Situationen zu umgehen oder Umwelträtsel zu lösen. Der **Chrono-Scherbe** ist an die Kernerzählung gebunden und wird neue freischalten **zeitverändernde Fähigkeiten** während Sie im Spiel voranschreiten.

2. Das Herz des Palastes

Bei diesem Artikel handelt es sich um einen **mächtiges Artefakt** Das dient als Schlüssel zum Öffnen der tiefsten Kammern des Palastes. Es verbirgt sich oft hinter komplexen Rätseln und fungiert als **Kern der Geheimnisse des Palastes**. Mit dem Herz des Palastes können Sie neue freischalten **Gateways**, **Zimmer**, und sogar **Bossbegegnungen**. Es ist auch erforderlich, auf das zuzugreifen **Endbereich**, wo sich die Höhepunkte des Spiels abspielen.

3. Phantomklinge

Der **Phantomklinge** ist eine Nahkampfwaffe mit der Fähigkeit, bestimmte Hindernisse, Mauern oder feindliche Verteidigungsanlagen zu durchdringen. Es ist wirksam gegen Feinde, die gegen physische Angriffe immun sind und daran gewöhnt werden können **Barrieren durchbrechen** die mit konventionellen Waffen nicht zerstört werden können. Die Phantomklinge wird unverzichtbar, wenn Sie Bereiche erreichen, die stark bewacht sind, oder wenn Sie sie freischalten müssen **versteckte Bereiche** durch die Umgehung physischer Barrieren.

4. Echokristall

Der **Echokristall** ist ein einzigartiger Artikel, der es Ihnen ermöglicht **Echos hören** der Vergangenheit. Es dient als **Scan-Tool**, um versteckte Hinweise, unsichtbare Pfade oder zuvor verborgene

Symbole aufzudecken, die Sie sonst möglicherweise übersehen würden. Wenn der Echokristall aktiviert ist, verstärkt er leise Geräusche und Vibrationen und führt Sie zu versteckten Objekten. **geheime Räume**, oder **vergessene Überlieferung**. Dieser Gegenstand ist unverzichtbar, wenn Sie unbekannte Gebiete erkunden oder versuchen, die tiefen Geheimnisse des Palastes aufzudecken.

5. Schlüssel des Zeitnehmers

Dieses Element wird für den Zugriff verwendet **zeitkritische Räume**. Diese Kammern dürfen nur zu bestimmten Zeiten oder nach Abschluss bestimmter Aufgaben geöffnet werden, die eine zeitliche Synchronisierung erfordern. Der **Schlüssel des Zeitnehmers** ermöglicht es Ihnen **Stellen Sie den Timer ein** zum Öffnen dieser Räume, was es zu einem entscheidenden Gegenstand für Spieler macht, die ihre Aktionen perfekt planen müssen. Es kann auch dazu verwendet werden **Beherrschen Sie bestimmte zeitbasierte Herausforderungen** innerhalb der komplexen Mechanismen des Palastes.

6. Siegel des Herrschers

Der **Siegel des Herrschers** ist ein mächtiges Relikt, das das Potenzial von freisetzt **versteckte Verbündete** innerhalb des Palastes. Dieses Siegel verleiht Ihnen die Fähigkeit, zu rufen **Verbündete**, ob sie alt sind **Wächter** oder **verzauberte Diener** die Ihnen im Kampf oder beim Lösen von Rätseln helfen können. Das Siegel des Souveräns kann auch dazu verwendet werden **bestimmte feindliche Einheiten besänftigen** Innerhalb des Palastes können Sie Konflikte umgehen oder wertvolle Einblicke in die tieferen Geheimnisse des Palastes gewinnen.

7. Die ewige Laterne

Dieser Gegenstand beleuchtet selbst die dunkelsten Ecken des Palastes. Der **Ewige Laterne** spendet nicht nur Licht – es offenbart **versteckte Wege**, **magische Glyphen**, Und **zeitbasierte Fallen** das würde sonst unsichtbar bleiben. Die Laterne ist besonders nützlich, wenn Sie durch Gebiete mit viel Wasser navigieren **dunkle Magie**, wo die Sicht eingeschränkt ist und Fallen lauern.

8. Vergessener Wälzer

Der **Vergessener Wälzer** enthält Seiten alten Wissens, geschrieben in einer **alte und kryptische Sprache**. Dieser Gegenstand wird verwendet, um mysteriöse Dinge zu entschlüsseln **Rätsel**, **versteckte Skripte**, Und **Ritualinschriften** überall im Palast zu finden. Der Vergessene Wälzer ist für das Verständnis unerlässlich **Hintergrundgeschichte** Und **Überlieferung** des Palastes, und seine Verwendung wird wichtige Teile der Erzählung freischalten und gleichzeitig bei der Lösung bestimmter Umgebungsrätsel helfen.

6.3 Artefaktstandorte und Kräfte

Artefakte in *BLAUER PRINZ* gehören zu den mächtigsten Gegenständen im Spiel und sind oft mit beiden verbunden **Story-Fortschritt** Und **Spielmechanik**. Sie verleihen Ihnen nicht nur einzigartige Fähigkeiten, sondern gewähren Ihnen auch tiefere Einblicke in die Geheimnisse des Unendlichen Palastes. Hier finden Sie einige der wichtigsten Artefakte und wie Sie sie zu Ihrem Vorteil nutzen können:

1. Chrono Shard – Zeitmanipulation

- **Standort:** Der **Tresor des Zeitnehmers** auf der **Vierter Stock**, zugänglich nur nach Lösung eines zeitbasierten Rätsels, bei dem es um die Ausrichtung von Himmelsobjekten im Uhrturm des Palastes geht.
- **Leistung:** Der Chrono Shard ermöglicht es Ihnen **Zeit zurückspulen oder einfrieren** In bestimmten Bereichen ist es unverzichtbar, um gefährliche Räume zu umgehen und zeitkritische Rätsel zu lösen. Es enthüllt auch verborgene Geheimnisse, wie Schwachstellen des Feindes und Schwachstellen in der Umgebung.

2. Herz des Palastes – Geheimnisse enthüllen

- **Standort:** Versteckt im **Königliche Gärten**, die sich in der befinden **Dritter Stock** des Palastes. Sie müssen ein kompliziertes Umwelträtsel lösen **Pflanzenwachstum** Und **Lichtmanipulation** um Zugang zur Herzkammer zu erhalten.
- **Leistung:** Das Herz des Palastes ist ein **Artefakt von großer Macht**, Entriegelung **neue Bereiche** und ermöglicht Ihnen den Zutritt zu zuvor verschlossenen Kammern. Es steigert auch Ihre **Widerstandsfähigkeit** zu zeitbasierten Angriffen und Umweltgefahren innerhalb des Palastes.

3. Phantomklinge – Geisterschlag

- **Standort:** Der **Spektralhöhle** auf der **Sechster Stock**, ein labyrinthartiger Bereich voller illusorischer Wände und **Schattenfeinde** das muss besiegt werden, um die Phantomklinge zu erreichen.
- **Leistung:** Die Phantomklinge ermöglicht Ihnen den Übergang **solide Barrieren** und streiken **ätherische Feinde**. Dieses Artefakt verleiht Ihnen auch die Fähigkeit dazu **Fallen**

entschärfen die mit spiritueller Energie verbunden sind und daher für die Navigation in späteren Palastetagen von entscheidender Bedeutung sind.

4. Echokristall – Enthülle verborgene Geheimnisse

- **Standort:** Gefunden innerhalb der **Flüsterhalle**, gelegen auf der **Fünfter Stock**. Der Kristall ist hinter einer verschlossenen Tür versteckt, auf deren Grundlage ein Rätsel gelöst werden muss **Audio-Hinweise** Und **Vibrationsempfindlichkeit**.
- **Leistung:** Der Echo-Kristall verstärkt leise Geräusche und Vibrationen in der Umgebung und gibt so Aufschluss **versteckte Passagen**, **unsichtbare Feinde**, Und **geheime Inschriften**. Es kann auch zum Dekodieren verwendet werden **geheimnisvolle Symbole** und Hinweise geben **verborgene Überlieferung**.

5. Schlüssel des Zeitnehmers – Schalten Sie zeitgesperrte Kammern frei

- **Standort:** Der **Uhrwerkkammer** auf der **Achter Stock**, wo Sie die Antike manipulieren müssen **Getriebesysteme** Und **zeitgesteuerte Rätsel** um auf den Schlüssel zuzugreifen.
- **Leistung:** Der Schlüssel des Zeitnehmers ermöglicht es Ihnen **Entsperren Sie zeitbasierte Türen** die nur zu bestimmten Zeitpunkten in der Zeitleiste geöffnet werden. Sie benötigen es, um Schlüsselbereiche zu durchlaufen, die eine präzise Synchronisierung mit Zeitereignissen erfordern, wie z **Palastarchiv** oder die **Temporaler Garten**.

6. Siegel des Souveräns – Verbündeterbeschwörung

- **Standort:** Der **Königlicher Thronsaal**, das sich auf der befindet **Siebter Stock**. Um Zugang zu erhalten, müssen Sie a besiegen **Wächterwesen** Das stellt Ihr Verständnis auf die Probe **königliche Geschichte** Und **Palastkunde**.

- **Leistung:** Das Siegel des Souveräns beschwört Mächtige **Verbündete** von den alten Bewohnern des Palastes, die im Kampf helfen oder wichtige Informationen liefern können. Es ermöglicht Ihnen auch, das Vertrauen von zu gewinnen **Palastbewohner**, was neue Quests oder Dialogoptionen eröffnen kann.

7. Ewige Laterne – Enthülle das Verborgene

- **Standort:** Der **Obsidianhalle**, gefunden auf der **Zehnter Stock**. Um es zu erhalten, müssen Sie ein Lichtmanipulationsrätsel lösen **Reflexionen** Und **Schattenwurf**.
- **Leistung:** Die Ewige Laterne enthüllt Verborgenes **magische Glyphen**, geheime Räume und **zeitbasierte Fallen**. Es bietet auch eine dauerhafte **Lichtquelle** in dunklen Bereichen, was es bei der Erkundung von unschätzbarem Wert macht **schattenverseucht** oder **zeitverzerrt** Regionen des Palastes.

6.4 Kombinieren und Aktualisieren von Tools

In *BLAUER PRINZ*, viele Ihrer Werkzeuge und Artefakte können sein **kombiniert** oder **aufgewertet** um sie noch leistungsfähiger zu machen. Die Fähigkeit, Gegenstände zu verbessern und zu verschmelzen, spielt in späteren Phasen des Spiels eine wichtige Rolle und ermöglicht es Ihnen, Ihren Spielstil anzupassen und sich an immer anspruchsvollere Umgebungen anzupassen.

1. Artefakte kombinieren

Bestimmt **Artefakte** können zum Entsperren kombiniert werden **neue Fähigkeiten** oder versteckt entsperren **Geheimnisse**. So funktioniert das Kombinieren:

- **Chronosplitter + Echokristall:** In Kombination ermöglichen Ihnen diese beiden Artefakte dies **Zeit einfrieren** Gleichzeitig werden versteckte Hinweise enthüllt, die sonst unsichtbar wären. Diese Kombination eignet sich besonders zum Lösen **komplexe Rätsel** bei denen Sie im eingefrorenen Moment handeln und gleichzeitig verborgene Pfade oder Gegenstände aufdecken müssen.
- **Herz des Palastes + Phantomklinge:** Mit dieser Kombination können Sie die verwenden **Die Energie des Herzens** um selbst die widerstandsfähigsten Barrieren zu überwinden. Sie können es umgehen **verschlossene Räume** Und **Abwehrmechanismen**, was deinen Fortschritt in späteren Levels beschleunigt.
- **Siegel des Herrschers + Ewige Laterne:** Durch die Kombination dieser Elemente entsteht ein **kraftvolle Aura aus Licht**, das verborgene Verbündete anlockt und es Ihnen gleichzeitig ermöglicht **zeitbasierte Fallen abwehren**. Diese Kombination ist besonders nützlich, wenn Sie feindliche oder verfluchte Gebiete erkunden, in denen Licht eine Schlüsselrolle bei Ihrer Verteidigung spielt.

2. Aufrüsten von Waffen und Werkzeugen

Waffen, wie die **Phantomklinge**, und Werkzeuge, wie z **Chrono-Scherbe**, kann sein **aufgewertet** Verwendung von Materialien, die im gesamten Palast zu finden sind. Diese Upgrades sind oft damit verbunden **Bastelstationen** oder **Werkbänke** versteckt in den Tiefen des Palastes. Upgrades verbessern die **Haltbarkeit, Wirksamkeit,** oder **Reichweite** Ihrer Werkzeuge. Zum Beispiel:

- **Phantom Blade-Upgrade:** Das erste Upgrade erhöht seine **Schadensausstoß**, sodass Sie härtere Gegner überwinden können. Das zweite Upgrade gewährt ihm die Möglichkeit, schrittweise durchzukommen **magische Barrieren**, was es noch vielseitiger macht.
- **Chrono-Splitter-Upgrade:** Das Upgrade verbessert die Shards **Zeitmanipulationsbereich** Und **Abklinggeschwindigkeit**Dadurch können Sie einen größeren Bereich beeinflussen oder die Zeitmanipulation im Kampf oder beim Lösen von Rätseln häufiger nutzen.
- **Echokristall-Upgrade:** Das Upgrade ermöglicht es dem Echo Crystal **enthülle versteckte Feinde** auch wenn sie keinen Ton abgeben, und es kann es erkennen **magische Fallen** zusätzlich zu Umwelthinweisen.

3. Ausrüstung herstellen und anpassen

Neben der Aufwertung vorhandener Gegenstände können Sie auch basteln **neue Ausrüstung** durch die Kombination von Ressourcen, die im gesamten Palast zu finden sind. Zum Beispiel kombinieren **seltene Mineralien** oder **Von der Zeit durchdrungene Edelsteine** nachgeben kann **neue magische Waffen** oder **Zeitverändernde Werkzeuge**. Diese gefertigten Gegenstände bieten einzigartige Fähigkeiten, die oft mit den tieferen Überlieferungen und Geheimnissen des Palastes verbunden sind.

4. Strategischer Einsatz von Upgrades

Berücksichtigen Sie im Laufe des Spiels Ihre **Spielstil** beim Aufrüsten und Kombinieren von Werkzeugen. Wenn Sie eine bevorzugen

heimlicher Ansatz, Upgrade der **Phantomklinge** zum Besseren **Unsichtbarkeit** oder **Schattenmanipulation** könnte ideal sein. Alternativ, wenn Sie sich darauf konzentrieren **Kampfeffizienz**, könnten Sie der Aktualisierung Ihrer Priorität Priorität einräumen **Chrono-Scherbe** um Ihre zeitverändernden Fähigkeiten zu maximieren und Ihnen dabei zu helfen, Feinde auszumanövrieren und zeitbasierte Rätsel zu lösen.

KAPITEL 7: FORTSCHRITT UND ENDE DER GESCHICHTE

7.1 Meilensteine der Hauptgeschichte

In *BLAUER PRINZ*Die Geschichte entfaltet sich durch eine Reihe entscheidender Meilensteine, die die Reise und den Fortschritt des Spielers durch den Unendlichen Palast prägen. Diese Schlüsselereignisse treiben die Erzählung voran und enthüllen das Geheimnis hinter dem Palast und den Charakteren, die ihn bewohnen. Hier ist eine Aufschlüsselung einiger der wichtigsten Meilensteine der Geschichte, die Ihnen begegnen werden:

1. Das Erwachen des Blauen Prinzen

Das Spiel beginnt mit dem Erwachen des **Blauer Prinz**, eine rätselhafte Figur, deren Rückkehr den Beginn eines neuen Zyklus in der mysteriösen Zeitschleife des Palastes signalisiert. Beim Erkunden werden Sie feststellen, dass es sich um den Blauen Prinzen handelt **Erwachen** ist ein entscheidendes Ereignis, das die Dynamik des gesamten Palastes verändert, gefährliche Kräfte freisetzt und neue Bereiche zum Erkunden eröffnet. Dieser Meilenstein führt den Spieler in die Kernmechanik des Spiels ein, wie z **Zeitmanipulation** und die Interaktion mit verschiedenen Palastbewohnern.

2. Die erste Konfrontation mit den Palastwächtern

Nach Erhalt des Zugriffs auf **erste Zimmergruppe**, du wirst gegen die antreten **Palastwächter**– mächtige Einheiten, deren Aufgabe es ist, Eindringlinge in Schach zu halten. Diese Begegnung dient als entscheidender Meilenstein und markiert den Beginn der aggressiveren Verteidigung des Palastes **Einführung in die Kampfmechanik**. Wenn Sie diese Wächter besiegen, werden Sie belohnt **Artefakte** Und **Schlüsselelemente**, wodurch zusätzliche Fähigkeiten freigeschaltet werden, die Ihnen helfen, sich im immer komplexer werdenden Palast zurechtzufinden.

3. Die Entdeckung des Herzens des Palastes

Ein wichtiger Meilenstein der Erzählung wird erreicht, wenn Sie das aufdecken **Herz des Palastes**, ein mächtiges Artefakt, das im verborgen ist **Königliche Gärten**. Dieses Ereignis erschließt mehrere Bereiche und enthüllt wichtige Überlieferungen über die Entstehung des Palastes und seine enge Verbindung zur Zeitmanipulation. Die Entdeckung des Herzens löst auch eine aus **zeitversetztes Ereignis**, wo sich die Umgebung des Palastes verändert und verborgene Bereiche freilegt und **neue Arten von Feinden**.

4. Die Enthüllung des wahren Zwecks des Unendlichen Palastes

Je weiter Sie fortschreiten, desto mehr werden Sie beginnen, das Wahre aufzudecken **Zweck des Unendlichen Palastes**, das nicht nur ein Ort voller Geheimnisse und Rätsel ist, sondern ein **zeitloser Zusammenhang** das das Schicksal mehrerer Welten kontrolliert. Diese Erkenntnis treibt die Handlung ihrem Höhepunkt entgegen und offenbart die tiefe Verbindung zwischen den beiden **Blauer Prinz** und das Schicksal des Palastes. An diesem Punkt werden Sie auf Bedeutsames stoßen **Geschichtenbasierte Entscheidungen** Dies wirkt sich darauf aus, wie Sie mit den Bewohnern des Palastes interagieren.

5. Der letzte Kampf gegen den weltlichen Souverän

Der ultimative Meilenstein des Spiels ist die Konfrontation mit dem **Zeitlicher Souverän**, ein mächtiges Wesen, das das Schicksal des Palastes und seiner Zeitpläne kontrolliert. Dieser Kampf stellt alles auf die Probe, was Sie im Laufe des Spiels gelernt haben – Kampffähigkeiten, das Lösen von Rätseln, Zeitmanipulation und die Verwendung mächtiger Artefakte. Der Sieg über den weltlichen Souverän führt zur Enthüllung der Geheimnisse des Palastes und enthüllt die **ultimatives Schicksal** des Blauen Prinzen und des **wahre Absicht** hinter deiner Reise.

6. Das Endspiel und mehrere Ergebnisse

Abhängig von den Entscheidungen, die Sie im Laufe des Spiels getroffen haben, bietet das Endspiel Angebote **mehrere Ergebnisse**. Diese Ergebnisse werden durch den Höhepunkt Ihrer Interaktionen, Ihren Einsatz zeitbasierter Fähigkeiten und die Verbündeten bestimmt, die Sie auf dem Weg gesammelt haben. Wirst du die Zeitlinie zurücksetzen und deine Reise fortsetzen, oder wirst du beschließen, den Palast zu verlassen und sein Schicksal für immer zu ändern? Die Entscheidungen des Endspiels führen zu verschiedenen **endgültige Ergebnisse**, um bei jedem Spieldurchgang ein einzigartiges Erlebnis zu gewährleisten.

7.2 Verzweigte Auswahlmöglichkeiten und Dialogpfade

In *BLAUER PRINZ*Die Entscheidungen, die Sie im Laufe des Spiels treffen, haben erhebliche Auswirkungen auf die Handlung, die

Beziehungen, die Sie zu den Charakteren aufbauen, und sogar auf das Endergebnis des Spiels. **Verzweigungsoptionen** Und **Dialogwege** Erstellen Sie eine dynamische Erzählung, die sich je nach Ihren Handlungen ändert. Hier ist ein Überblick darüber, wie sich diese Elemente auf das Spiel auswirken:

1. Schlüsselzweige der Geschichte

Auf Ihrer Reise werden Sie auf wichtige Momente stoßen, in denen Ihre Entscheidungen die Richtung der Geschichte beeinflussen. Zu diesen Momenten gehören:

- **Allianzen mit Palastbewohnern:** Zu Beginn des Spiels werden Sie mehrere treffen **Palastbewohner**, von denen einige freundlich und andere feindselig sind. Ihre Interaktionen und Entscheidungen werden darüber entscheiden, ob Sie es können **verbünde dich mit ihnen**, Informationen sammeln oder zusätzliche Quests und Fähigkeiten freischalten. Zum Beispiel die Entscheidung, einem zu helfen **geheimnisvoller Charakter** kann einen neuen Bereich eröffnen oder Ihnen Zugang gewähren **leistungsstarke Upgrades**.
- **Moralische Dilemmata:** Mehrere wichtige Entscheidungen beinhalten moralische Entscheidungen, die sich auf die Geschichte auswirken. Tun Sie es zum Beispiel? **einen Feind verschonen** um wertvolle Informationen zu erhalten, oder tun Sie es? **besiege sie** um sich einen unmittelbaren Vorteil zu verschaffen? Diese Entscheidungen wirken sich nicht nur auf Ihre Beziehung zu anderen Charakteren aus, sondern auch **Einfluss auf die Zeitachse des Palastes haben**, was manchmal dazu führt **veränderte Ereignisse** oder **neue Herausforderungen**.
- **Auswahlmöglichkeiten für das Story-Ergebnis:** Gegen Ende des Spiels stehen Sie vor kritischen Entscheidungen, die über

das endgültige Schicksal des Blauen Prinzen, des Palastes und der Welt entscheiden. Dazu können gehören **Zurücksetzen der Zeitleiste, die Rolle eines neuen Herrschers annehmen**, oder **Zerstörung der Energiequelle des Palastes**. Der von Ihnen gewählte Weg bestimmt, welchen der beiden **mehrere Enden** du erlebst.

2. Dialogpfade und Charakterinteraktionen

Neben wichtigen Entscheidungen in der Geschichte spielen Dialogentscheidungen auch eine wichtige Rolle bei der Gestaltung Ihrer Beziehungen zu Charakteren. Jeder Charakter, den du triffst, hat seinen eigenen **Hintergrundgeschichte**, **Motivationen**, Und **versteckte Agenden**. Ihre Antworten im Gespräch können:

- **Gewinnen Sie Verbündete oder Feinde:** Bestimmte Charaktere, wie z **der wandernde Besucher**, wird je nach Ihren Dialogentscheidungen unterschiedlich reagieren. Die Wahl unterstützender oder diplomatischer Antworten könnte dazu führen **Allianzen**, während ein antagonistischer Dialog möglicherweise zu Konflikten führen kann **feindselige Begegnungen**.
- **Schalte Spezialquests frei:** Indem Sie sich an bestimmten Gesprächen beteiligen und die richtigen Fragen stellen, können Sie Verborgenes entschlüsseln **Nebenquests** oder wichtig **Hinweise zur Geschichte**. Diese können Ihnen mehr Kontext zur Geschichte des Palastes liefern, freischalten **neue Fähigkeiten**, oder enthüllen **Geheimnisse** die dir später im Spiel helfen.
- **Shift-Charaktertreue:** Dialogentscheidungen können die Loyalität wichtiger Verbündeter verändern. Beispielsweise könnten sich einige Verbündete gegen Sie wenden, wenn Sie **Lüge** oder **ihr Vertrauen verraten**, während andere es vielleicht anbieten **Ihnen weiterhelfen** wenn Sie mit ihren

Zielen übereinstimmen. Diese Veränderungen können sich auf das Gameplay auswirken, da treue Charaktere den Schlüssel darstellen können **Kampfunterstützung** oder lebenswichtig **Information**.

3. Auswirkungen auf Gameplay und Weltereignisse

Manche Entscheidungen wirken sich direkt auf die Welt um Sie herum aus und führen dazu **Veränderungen in der Umgebung**, **neue Begegnungen**, oder sogar **veränderte Rätsel**. Zum Beispiel:

- **Die Umwelt verändern:** In manchen Fällen kann eine von Ihnen getroffene Entscheidung die Struktur des Palastes verändern, neue Bereiche zum Erkunden eröffnen oder bestehende Bereiche verändern (z. B. zuvor versiegelte Räume freigeben oder neue Gefahren einführen).
- **Zeitmanipulationsereignisse:** Ihre Entscheidungen können sich auch auf die des Palastes auswirken **Zeitschleifensystem**, sodass Sie es auf unterschiedliche Weise manipulieren können. Beispielsweise kann ein Verbündeter, dem Sie helfen, Ihnen die Macht geben, einen bestimmten Teil der Zeitleiste des Palastes zurückzusetzen, was sich auf zukünftige Ereignisse auswirkt.

7.3 **Mehrere Enden freischalten**

In *BLAUER PRINZ*, können die Entscheidungen, die Sie im Laufe des Spiels treffen, zu mehreren unterschiedlichen Enden führen, die jeweils eine andere Perspektive auf die Geschichte und das Schicksal der beteiligten Charaktere bieten. Die nichtlineare Struktur des Spiels bedeutet, dass das **Endungen** werden nicht nur durch eine endgültige Entscheidung bestimmt, sondern sind das Ergebnis Ihrer Interaktionen, Loyalitäten und der Art und Weise, wie Sie damit navigieren **Geheimnisse des Palastes**. So können Sie verschiedene Enden freischalten:

1. Das Ende der Wiedergeburt: Der Zyklus geht weiter

- **So entsperren Sie:** Dieses Ende ist der Standardabschluss des Spiels, für den sich der Blaue Prinz entweder entscheidet **Setzen Sie die Zeitleiste zurück** oder verlässt den Palast und stellt so sicher, dass die Zeitschleife fortgesetzt wird. Um dieses Ende freizuschalten, müssen Sie Entscheidungen treffen, auf die Sie sich konzentrieren **die Existenz des Palastes zu bewahren**, möglicherweise mit Fraktionen verbünden, die von der zyklischen Natur der Zeitschleife profitieren.
- **Wichtige Entscheidungen:**
    o Mit dem ausrichten **Palastwächter** oder **zeitkontrollierende Fraktionen** die versuchen, den unendlichen Kreislauf zu bewahren.
    o Wählen Sie **Erspare wichtige Feinde** deren Handlungen die Zeitachse destabilisieren würden.
    o Entscheiden Sie sich dafür **lassen bestimmte Rätsel ungelöst**, wodurch die Geschichte des Palastes erhalten bleibt.
- **Ergebnis:** Der Blaue Prinz entkommt der Schleife, aber der Palast bleibt in einem endlosen Kreislauf gefangen, in dem sich seine Ereignisse jedes Mal mit geringfügigen Abweichungen wiederholen. Dieses Ende lässt viele Fragen über die wahre Natur des Palastes unbeantwortet.

2. Das souveräne Ende: Meister der Zeit

- **So entsperren Sie:** Um das Sovereign-Ende freizuschalten, muss der Spieler **Nehmen Sie ihre neu gewonnene Kraft an** und übernimm die Kontrolle über die zeitmanipulierenden Fähigkeiten des Palastes. An diesem Ende entscheidet sich der Blaue Prinz dafür **die Macht ergreifen**, der neue Herrscher des Palastes und der Herr seiner Zeitlinien.
- **Wichtige Entscheidungen:**
  - o Entscheide dich dafür, dich mit Charakteren zu verbünden, die es wollen **absolute Kontrolle** über dem Palast (z.B. der **Zeitlicher Souverän**).
  - o Zerstöre wichtige Artefakte, die dich daran hindern, die Zeit frei zu manipulieren.
  - o **Aufstände unterdrücken** von Palastbewohnern, die Ihre Herrschaft herausfordern könnten.
- **Ergebnis:** Der Blaue Prinz besteigt den Thron des Unendlichen Palastes und schreibt die Zeitlinien nach seinem Willen neu. Diese Macht hat jedoch ihren eigenen Preis, da der Palast zu einem wird **dunklerer, bedrückenderer Ort**, wobei der Prinz jede Facette der Zeit kontrolliert, jedoch auf Kosten der Freiheit.

3. Das Ende der Ablehnung: Den Kreislauf durchbrechen

- **So entsperren Sie:** Das Ende der Ablehnung findet statt, wenn der Spieler dies wünscht **lehne die Macht des Palastes ab**, der versucht, sich vollständig aus der Zeitschleife zu befreien. Dies ist ein schwieriger Weg, da der Spieler Entscheidungen treffen muss, die die grundlegende Natur des Palastes selbst in Frage stellen.
- **Wichtige Entscheidungen:**
  - o **Angebote ablehnen** um die Zeit zu kontrollieren oder sich an zeitmanipulierende Wesenheiten anzupassen.

- o Wählen Sie **Zeitbasierte Artefakte zerstören oder deaktivieren**.
- o **Allianzen ablehnen** mit Charakteren, die den Blauen Prinzen ermutigen, die Macht des Palastes anzunehmen.
- **Ergebnis:** Die Zeitschleife wird unterbrochen und der Palast beginnt **Zusammenbruch**. Der Blaue Prinz flüchtet in eine Welt außerhalb des Palastes, doch die Konsequenzen dieser Entscheidung sind weitreichend und lassen sowohl den Palast als auch die Zeitlinie zurück **Chaos**. Es ist zwar ein Moment der Freiheit, aber auch ein gefährlicher und unsicherer.

4. Das Ende der Befreiung: Den Palast befreien

- **So entsperren Sie:** Das Befreiungsende erfordert vom Spieler dies **Befreie den Palast von seinem zeitgebundenen Fluch** ohne die Kontrolle darüber zu übernehmen. Dieses Ende konzentriert sich auf **die Zeitmanipulation des Palastes zu stören** und die Schaffung einer neuen Zukunft, in der die Zeit nicht länger von äußeren Kräften kontrolliert wird.
- **Wichtige Entscheidungen:**
  - o Helfen Sie dem **Palastbewohner** die den Palast aus seinen Endlosschleifen befreit sehen möchten.
  - o **Zerstöre zeitverändernde Artefakte** die die Verbindung des Palastes mit der Schleife verankern.
  - o Treffen Sie Entscheidungen, die das unterstützen **freier Wille** der Palastbewohner, ungeachtet der Konsequenzen.
- **Ergebnis:** Der Unendliche Palast ist **von seiner zyklischen Natur befreit**, und der Blaue Prinz hilft dabei, eine neue Ära einzuläuten. Die Bewohner können frei leben und der einst endlose Palast beginnt **Verfall** oder **verwandeln** in etwas Harmonischeres.

7.4 Anforderungen an das wahre Ende

Der **Wahres Ende** In *BLAUER PRINZ* ist der schwer fassbare
Abschluss, der eine sorgfältige Planung, ein tiefes Verständnis der
Spielthemen und eine Balance aus beidem erfordert **helle und
dunkle Entscheidungen**. Das wahre Ende gilt als „ultimative" Lösung
des Spiels und enthüllt die tiefsten Geheimnisse des Unendlichen
Palastes und die wahre Identität des Blauen Prinzen. Um dieses Ende
zu erreichen, müssen die Spieler bestimmte Bedingungen erfüllen
und sicherstellen **Schlüsselentscheidungen** während des gesamten
Spiels.

1. Den Ursprung des Blauen Prinzen enträtseln

Um das wahre Ende freizuschalten, müssen die Spieler es aufdecken
vollständige Geschichte des Blauen Prinzen und ihre Verbindung
zum Unendlichen Palast. Dies beinhaltet:

- Spezifisch abschließen **Nebenquests** verbunden mit der
  Hintergrundgeschichte des Prinzen.
- Entdecken **alte Inschriften** und verborgene Überlieferungen,
  die im ganzen Palast verstreut sind.
- Sich engagieren **entscheidende Dialoge** mit Charakteren, die
  wichtige Informationen über die Herkunft des Prinzen
  enthalten.

2. Sich mit den richtigen Fraktionen verbünden

Während es möglich ist, sich während des Spiels verschiedenen
Fraktionen anzuschließen, muss der Spieler dies tun, um das Wahre

Ende zu erreichen **strategische Allianzen** das wird ihnen helfen **Befreien Sie sich von der Kontrolle des Palastes**:

- Unterstützen Sie die **Wandernder Besucher** und ihr Ziel **Lasst rechtzeitig den Griff des Palastes los.**
- Lehnen Sie alle Fraktionen ab, die dies versuchen **die Kontrolle behalten** im Laufe der Zeit Manipulationen des Palastes (wie die **Zeitlicher Souverän**).
- Bilden Sie eine einzigartige Allianz mit **Charaktere, die ebenfalls nach Freiheit streben** aus der Schleife, wie sicher **Palastrebellen.**

3. Schließen Sie das Ritual ab, um die Zeitleiste zurückzusetzen

Das wahre Ende beinhaltet den Abschluss von a **Ritual** Dadurch wird die gesamte Zeitleiste zurückgesetzt, aber im Gegensatz zu den anderen Enden behält dieses Ritual weder die Schleife bei noch gewährt es dem Blauen Prinzen die Kontrolle. Stattdessen:

- **Erfordert Opfer** oder kritisch **Entscheidungen, um die Macht der Zeit zu stören**, um sicherzustellen, dass die **Der Kreislauf des Palastes ist wirklich unterbrochen.**
- **Erfordert die Verwendung spezifischer Artefakte,** einschließlich der **Herz des Palastes**, **Chrono-Scherbe**, Und **Ewige Laterne**, um das Ritual abzuschließen.
- **Beinhaltet das Lösen zeitbasierter Rätsel durch den Spieler** die ihre Beherrschung der Palastmechanik auf die Probe stellen.

4. Endgültige Wahl: Die wahre Identität des Blauen Prinzen

Das wahre Ende endet mit der Enthüllung der wahren Identität des Blauen Prinzen. Der Spieler muss eine endgültige Entscheidung darüber treffen, ob er dies tut **nimm ihr Schicksal an** oder **lehnen ihre Herkunft ab**. Diese Wahl wird das endgültige Schicksal sowohl des Prinzen als auch des Palastes bestimmen:

- **Die wahre Natur akzeptieren** des Blauen Prinzen bedeutet, ein zu werden **Hüter der Zeit**, das Gleichgewicht halten und den Fluss der Zeit überwachen.
- **Die Vergangenheit ablehnen** und die Schaffung einer neuen Zukunft für den Prinzen, frei vom Einfluss des Palastes, bereitet die Bühne für a **neue Welt**, ungebunden an die Zeit.

KAPITEL 8: GEHEIMNISSE, LORE & VERSTECKTE RÄUME

8.1 Die dunkle Geschichte des Palastes

Der Unendliche Palast ist nicht nur ein Ort voller Rätsel und Fallen, sondern eine Struktur voller Rätsel **Geheimnisse und unerzählte Geheimnisse.** Während Ihrer Erkundung werden Sie Fragmente davon entdecken **dunkle Geschichte**, einschließlich der Kräfte, die seinen Bau prägten, und der wahren Natur der Palastbewohner. Diese Geschichte ist von entscheidender Bedeutung für das Verständnis der Erzählung des Spiels und des Spiels **Die Verbindung von Blue Prince** zum Palast selbst. Hier ist eine Aufschlüsselung der wichtigsten Aspekte der dunklen Vergangenheit des Palastes:

1. Ursprünge des Unendlichen Palastes

Der **Unendlicher Palast** wurde ursprünglich als erstellt **zeitloses Heiligtum**, ein Ort, an dem die **Grenzen zwischen Welten** kontrolliert und manipuliert werden könnten. Es wurde von einer alten Zivilisation erbaut, die es entdeckte **Zeitmanipulation** und nutzte den Palast, um den Fluss der Zeit über verschiedene Bereiche hinweg zu kontrollieren. Mit zunehmender Macht nahm jedoch auch die Korruption zu, was dazu führte, dass der Palast zu einem Palast wurde **Gefängnis der Zeit**, wodurch seine Schöpfer in einer Endlosschleife gefangen sind. Der **Blauer Prinz** ist irgendwie mit diesen Schöpfern verbunden, möglicherweise handelt es sich um den letzten lebenden Nachkommen oder um eine Figur, die mit dem ursprünglichen Entwurf des Palastes in Verbindung steht.

2. Der Aufstieg der weltlichen Herrscher

Der **Temporale Herrscher** waren mächtige Wesen, die einst über den Unendlichen Palast herrschten und die Kontrolle über den Palast über die Zeit hinweg aufrechterhielten. Sie konnten es **beuge die Zeit ihrem Willen**, wodurch jegliches Entkommen aus dem Kreislauf verhindert wird. Ihr Machthunger führte jedoch dazu, dass sie schließlich verfielen **Korruption**und verwandelte den Palast in einen **Schlachtfeld endloser Konflikte**. Der blaue Prinz, dessen Identität mit den Souveränen verflochten war, spielt eine Rolle dabei, ihr Erbe rückgängig zu machen oder fortzusetzen. Das verstehen **Herrschaft der weltlichen Souveräne** und ihr letztendlicher Untergang ist der Schlüssel zur Bewältigung des Palastes **Machtstruktur**.

3. Der Fluch der ewigen Schleife

Als die Macht des Palastes zunahm, wurde klar, dass die **Zeitschleife** hatte ein Eigenleben. Der Zyklus war nicht länger etwas, das von seinen Schöpfern kontrolliert wurde, sondern war zu einem geworden **sich selbst tragende Einheit**, alle einschließen, die eintraten. Diejenigen, die in der Schleife gefangen waren, erlebten immer wieder Momente ihrer Vergangenheit und waren nicht in der Lage, dem sich wiederholenden Kreislauf zu entkommen. Der **Der Fluch des Palastes** ist von zentraler Bedeutung für die Geschichte, da der Blaue Prinz beides anstrebt **die Schleife durchbrechen** oder lernen, es zu kontrollieren. Dieser Teil der Geschichte des Palastes ist in den Archiven verborgen, sodass der Spieler Puzzleteile sammeln muss, um den Ursprung des Fluches vollständig zu verstehen.

4. Vergessene Bewohner und verlorene Seelen

Überall im Palast verteilt sind **vergessene Bewohner**– Seelen, die für die Ewigkeit im Palast gefangen sind. Diese Wesen waren einst mächtige Herrscher, Gelehrte oder Krieger, aber jetzt sind sie verdrehte, geisterhafte Gestalten, die im Laufe der Zeit ihre Identität verloren haben. Viele dieser Seelen halten Teile der verborgenen Geschichte des Palastes bereit **Hinweise, Nebenquests**, oder sogar **wertvolle Gegenstände** wenn der Spieler sich dafür entscheidet, mit ihnen in Kontakt zu treten. Das Verständnis ihrer tragischen Geschichten ist für die Aufdeckung der Ereignisse unerlässlich **vollständige Geschichte** des Unendlichen Palastes.

8.2 Zugangsmethoden für versteckte Räume

Der Unendliche Palast ist gefüllt mit **versteckte Räume**, Bereiche, die Geheimnisse, mächtige Artefakte und Überlieferungen bergen, die notwendig sind, um die Geheimnisse des Palastes zu lüften. Diese Räume sind nicht sofort zugänglich und erfordern oft, dass der Spieler komplexe Rätsel löst, seltene Gegenstände sammelt oder bestimmte Aufgaben erledigt. Hier ist eine Anleitung zum Freischalten dieser schwer fassbaren Räume:

1. Zeitbasierter Zugriff

Einige der versteckten Räume des Palastes sind **nur zu bestimmten Zeiten zugänglich** oder unter bestimmten **Zeitbedingungen**. Dies ist auf die Manipulation der Zeit durch den Palast zurückzuführen, die dazu führt, dass bestimmte Räume verändert werden **sichtbar oder**

zugänglich nur in bestimmten Momenten. Um diese Räume freizuschalten, müssen Spieler:

- Benutzen Sie die **Zeitmanipulationsmechaniker** die Zeit zu verschieben, was dazu führt, dass sich Räume in verschiedenen Phasen der Schleife öffnen oder zugänglich werden.
- Halten Sie Ausschau nach **Uhren** oder **Zeitindikatoren** innerhalb des Palastes, der signalisiert, wenn ein Raum frei wird.
- **Interagiere mit bestimmten Objekten** oder Zeichen während spezifischer **Zeitrahmen** um das Öffnen eines versteckten Raums auszulösen.

2. Versteckte Gänge und Geheimeingänge

Der Palast ist gefüllt mit **Geheimtüren** Und **versteckte Passagen** die der Spieler finden und aktivieren muss **Mechanismen**. Diese können ausgelöst werden durch:

- **Versteckte Schalter finden** oder **Druckplatten** versteckt hinter Wänden oder unter Böden.
- **Ausrichten von Symbolen** an bestimmten Türen, um versteckte Pfade freizulegen, die oft damit verbunden sind **alte Symbole** oder Muster, die Sie entschlüsseln müssen.
- **Sonderschlüssel** oder **Artefakte** die Durchgänge in bestimmten Räumen freigeben. Diese Schlüssel können in anderen Räumen versteckt sein oder von bestimmten Charakteren im Rahmen von Nebenquests gegeben werden.

3. Umweltinteraktionen

Viele versteckte Räume können nur durch Interaktion mit dem freigeschaltet werden **Umwelt auf bestimmte Weise**. Zu diesen Interaktionen können gehören:

- **Schieben oder Ziehen von Gegenständen** in der Umgebung, um versteckte Türen wie Statuen oder Bücherregale freizulegen, die sich bei Aktivierung bewegen.
- **Lichtquellen manipulieren**B. Fackeln oder Kristalle, um Geheimfächer oder offene Wege freizulegen.
- **Umwelträtsel lösen** die den Grundriss des Palastes verändern, z. B. die Verwendung von Wasser zum Bewegen von Plattformen oder das Herunterfallen von Gegenständen in bestimmte Positionen.

4. Versteckte Räume durch Charakterinteraktionen freischalten

Bestimmte versteckte Räume können nur durch die Interaktion mit bestimmten Charakteren betreten werden, entweder durch:

- **Nebenquests abschließen** Diese Charaktere geben ihnen die Möglichkeit, ihr Vertrauen zu gewinnen und den Standort versteckter Räume freizuschalten.
- **Beziehungen aufbauen** mit Palastbewohnern und Zugang zu ihnen erhalten **Sonderbereiche** durch Dialogentscheidungen. Charaktere können anbieten **kryptische Hinweise** oder Ihnen direkt sagen, wie Sie geheime Räume öffnen können, wenn Sie dort waren **treu** oder **vertrauenswürdig**.
- **Handelsartefakte** mit Charakteren, die Kenntnisse über versteckte Orte besitzen, oder **die richtigen Fragen stellen** während Gesprächen, um verborgene Bereiche aufzudecken.

8.3 Geheime Botschaften und Ostereier

In *BLAUER PRINZ*, **geheime Botschaften** Und **Ostereier** sind über das Spiel verteilt und belohnen Spieler, die es sind **aufmerksam** Und **neugierig**. Diese verborgenen Elemente verleihen der Geschichte zusätzliche Ebenen und vertiefen das Eintauchen des Spielers in die Welt des Spiels. Hier ist eine Aufschlüsselung der Arten von Geheimnissen und Easter Eggs, denen Sie begegnen könnten:

1. Im Palast versteckte kryptische Nachrichten

Der Unendliche Palast ist gefüllt mit **kryptische Nachrichten** die scheinbar in versteckten Bereichen oder an unbekannten Orten auftauchen. Diese Nachrichten werden oft geschrieben **alte Schriften** oder codierte Symbole, die sorgfältig entschlüsselt werden müssen. Einige dieser versteckten Nachrichten könnten:

- Bieten **Hinweise** über die **wahre Ursprünge** des Palastes oder des **Art der Zeitschleife**.
- Angebot **Hinweise** zum Lösen **komplexe Rätsel** oder geheime Räume aufschließen.
- Enthülle die **Hintergrundgeschichten** wichtiger Charaktere, Angebot **Einsichten** in ihre Motive und Persönlichkeiten.

2. Easter Eggs mit Bezug zu anderen Spielen

Wie bei vielen Spielen, *BLAUER PRINZ* enthält **Ostereier** die auf andere Spiele oder Medien verweisen. Diese subtilen Anspielungen auf andere Werke finden sich in:

- **Poster im Spiel**, **Bücher**, oder **Gemälde** die beliebten Referenzen oder ikonischen Momenten aus anderen Videospielen, Filmen oder der Popkultur ähneln.

- **Versteckte Hinweise auf andere Spiele** vom selben Studio erstellt und suggeriert auf subtile Weise ein gemeinsames Universum oder thematische Zusammenhänge.
- **Ungewöhnlicher Charakterdialog** oder **versteckte Gegenstände** Das scheint fehl am Platz zu sein, ist aber ein Augenzwinkern für erfahrene Spieler anderer Titel.

3. Versteckte Nachrichten von früheren Spielern

In einigen Bereichen des Palastes können Spieler etwas entdecken **Nachrichten, die frühere Abenteurer hinterlassen haben.** Dazu könnten gehören:

- **Notizen** oder **Schnitzereien** an Wänden, die darauf hinweisen **Geheimnisse** andere haben es aufgedeckt und den Spielern nützliche Hinweise gegeben.
- **Von Spielern erstellte Graffiti** oder Symbole, möglicherweise referenzierend **Benutzergenerierte Inhalte** oder **Multiplayer-Elemente** wo Interaktionen zwischen Spielern zusätzliche Ebenen des Geschichtenerzählens hinzufügen.

4. Versteckte Artefakte durch Ostereier freischalten

Manchmal, **Ostereier** in Form von **Unikate** kann durch das Befolgen bestimmter Aktionen freigeschaltet werden. Zum Beispiel:

- **Berühren bestimmter Gegenstände** oder **eine Abfolge von Aktionen ausführen** das scheint fehl am Platz zu sein.
- Finden **ungewöhnliche Gegenstände** an scheinbar trivialen Orten, die Hintergrundgeschichte bieten oder bei Ausrüstung besondere Kräfte verleihen.

8.4 Aufschlüsselung von Theorien und Symbolik

Einer der faszinierendsten Aspekte von *BLAUER PRINZ* ist es tief **Symbolismus** und die **Theorien** rund um seine Geschichte und Welt. Viele Spieler und Fans haben sich etwas ausgedacht **Theorien** dieser Versuch, die Geheimnisse des Palastes und die Rolle des Blauen Prinzen darin zu erklären. In diesem Abschnitt werden einige der wichtigsten Theorien aufgeschlüsselt **symbolische Motive** die das ganze Spiel über laufen:

1. Der Blaue Prinz als Symbol der Zeit selbst

Viele Spieler spekulieren, dass die **Blauer Prinz** ist mehr als nur eine Figur in der Geschichte – er repräsentiert **Zeit selbst**. Die sich wiederholenden Zyklen des Spiels, die Zeitschleife und die Verbindung des Prinzen zu **Zeitmanipulation** alle deuten auf eine tiefere Verbindung hin. So geht's:

- Der **blaue Farbe** kann beides symbolisieren **Stabilität und Fließfähigkeit der Zeit**Dies dient als Erinnerung an die Rolle des Prinzen beim Ausgleich dieser Kräfte.
- Die Manipulationsfähigkeit des Prinzen **Zeit** könnte eine Metapher dafür sein, wie Menschen versuchen, ihre Vergangenheit zu kontrollieren oder zu ändern, aber unweigerlich in ihren eigenen Zyklen gefangen sind und den Konsequenzen nicht entkommen können.
- Der **Identität des Prinzen** könnte eine Allegorie dafür sein, wie es den Menschen geht **Entscheidungen** Und **Aktionen** Sie gestalten die Zukunft, doch letztendlich sind sie an die gebunden **Zeit, in der sie existieren**.

2. Der unendliche Palast als Repräsentation des Geistes

Eine andere Theorie besagt, dass die **Unendlicher Palast** ist ein
Manifestation des Geistes des Blauen Prinzen, und die Struktur,
Rätsel und Bewohner des Palastes symbolisieren verschiedene
Aspekte seiner Psyche:

- **Räume und Flure** repräsentieren die **Komplexität des
  Denkens**, wo bestimmte Wege klar und andere verborgen
  sind und die Schwierigkeiten des Geistes mit Konzentration
  und Gedächtnis widerspiegeln.
- **Zeitschleifen** symbolisieren **sich wiederholende Gedanken**
  oder Traumata, die immer weiter kreisen und es dem Prinzen
  nie ermöglichen, sich zu befreien.
- **Palastbewohner** kann unterschiedlich darstellen **Aspekte der
  Persönlichkeit des Prinzen**, ob sie das sind **rational**, Die
  emotional, oder die **zerstörerische Kräfte** in ihm.

3. Die weltlichen Herrscher als gefallene Götter

Eine weitere Schlüsseltheorie konzentriert sich auf die **Temporale
Herrscher**, die alten Herrscher des Unendlichen Palastes, die einst
die Zeit selbst kontrollierten:

- Viele glauben das **Souveräne** waren ursprünglich **Götter oder
  Halbgötter**Sie nutzen ihre zeitmanipulierenden Kräfte, um die
  Welt zu beherrschen und nach ihrem Willen umzugestalten.
- Im Laufe der Zeit führte die Macht der Souveräne zu ihrer
  Untergang, wobei der unendliche Palast eher zu einem
  Gefängnis als zu einem Heiligtum wird. Diese Theorie stimmt
  mit der Symbolik des überein **gut gefallen**– eine Gottheit, die
  einst grenzenlose Kontrolle hatte, aber letztendlich ihrer
  eigenen Hybris erlag.

- Die Reise des Prinzen gilt als eine davon **Wiedergeburt**, wo er entweder muss **Erhebe dich über die Fehler der Götter** oder **selbst einer werden**und übernimmt die Kontrolle über den Palast, um die Schleife entweder aufrechtzuerhalten oder zu zerstören.

4. Die Symbolik des Herzens des Palastes

Der **Herz des Palastes** ist ein wiederkehrendes Motiv im Spiel und von Geheimnissen umgeben. Einige glauben, dass es das darstellt **zentrale Kraft** das alles im Palast zusammenhält. Die Theorien legen nahe:

- Der **Herz** ist ein **Symbol des Kerns des Prinzen**-sein **wahre Essenz** oder **Seele**– und sein Kampf, es zu verstehen und zu kontrollieren, stellt seinen Weg zur Selbstverwirklichung dar.
- Der **Die Manipulation der Zeit durch das Herz** könnte auch das symbolisieren **zentrales Paradoxon der Existenz**– wie die Zeit sowohl linear als auch zyklisch ist, sich immer vorwärts bewegt und dennoch ständig zu ihrem Anfang zurückkehrt.
- Einige Fans spekulieren, dass die **Die Zerstörung des Herzens** Könnte das markieren **Ende der Zeit selbst**, da es die Macht besitzt, die Existenz des Palastes zu manipulieren.

5. Die Rolle des „Besuchers" des Blauen Prinzen

Der **Wandernder Besucher**, eine Schlüsselfigur im Spiel, wird oft als sowohl a **Leitfaden und eine Reflexion** über das mögliche Schicksal des Blauen Prinzen. Der Besucher vertritt:

- Der **interner Konflikt** innerhalb des Prinzen, wo der Besucher als Schatten dessen fungiert, was der Prinz werden könnte – entweder a **Herrscher der Zeit** oder ein **Opfer davon**.

- A **Symbol des Schicksals** Das erinnert den Prinzen ständig daran, dass er dem Kreislauf nicht entkommen kann, ohne sich seinem eigenen zu stellen **innere Dunkelheit** Und **Wünsche**.
- Der **Die Rolle des Besuchers in der Geschichte** kann das auch vorschlagen **freier Wille** Und **Schicksal** sind tief miteinander verflochten und die endgültige Entscheidung des Prinzen wird nicht nur über sein eigenes Schicksal, sondern auch über das Schicksal des Prinzen entscheiden **Zukunft der Zeit selbst**.

KAPITEL 9: SAMMLERSTÜCKE UND ERFOLGE

9.1 Raumpläne und Kartenfragmente

Der Unendliche Palast ist eine riesige, komplexe Umgebung voller unzähliger Räume und versteckter Wege. Im Verlauf des Spiels wird es für die Spieler wichtig, den Grundriss des Palastes zu verstehen, um sich nicht zu verlaufen und wichtige Orte und verborgene Geheimnisse zu finden. **Raumpläne** Und **Kartenfragmente** sind unschätzbare Werkzeuge für diese Reise.

1. Raumpläne verstehen

Raumpläne sind detaillierte Diagramme, die das zeigen **Aufteilung der einzelnen Räume** innerhalb des Palastes. Diese Blaupausen bieten dem Spieler einen Überblick über einen Raum und zeigen die Standorte wichtiger Objekte, Fallen, versteckter Türen und manchmal sogar geheimer Pfade, die sonst unsichtbar wären. Zu den Vorteilen von Raumplänen gehören:

- **Visualisierung von Raumaufteilungen**: Hilft den Spielern, die Struktur jedes Raums zu verstehen und hilft beim Lösen von Rätseln und beim Navigieren.
- **Hervorhebung wichtiger Standorte**: Blaupausen markieren wichtige Bereiche wie **Artefakte, versteckte Gegenstände**, Und **besondere Interaktionen** die der Spieler erkunden kann.
- **Kartierung von Fallen**: Einige Blaupausen offenbaren die Standorte gefährlicher Fallen oder Hindernisse, die der Spieler sonst durch Ausprobieren entdecken müsste.

2. Kartenfragmente finden und sammeln

Kartenfragmente sind **Teile einer größeren Karte** im Unendlichen Palast verstreut. Diese Fragmente sind normalerweise in dunklen Bereichen versteckt oder werden freigeschaltet, nachdem bestimmte Aufgaben erledigt oder bestimmte Rätsel gelöst wurden. Durch das Sammeln aller Kartenfragmente kann der Spieler:

- **Rekonstruieren Sie die vollständige Karte** des Unendlichen Palastes, was die Navigation und Planung ihrer Erkundung erleichtert.
- **Schalten Sie Verknüpfungen frei**: Einige Karten zeigen versteckte Pfade, die dorthin führen **Verknüpfungen** oder **geheime Räume**Dies hilft den Spielern, Zeit zu sparen und Rückschritte zu vermeiden.
- **Verfolgen Sie den Fortschritt**: Das Vervollständigen der Karte vermittelt ein Erfolgserlebnis und vermittelt ein klareres Bild der Gesamtstruktur des Palastes.

3. So nutzen Sie Raumpläne und Kartenfragmente effektiv

Sobald die Spieler mit dem Sammeln beginnen **Raumpläne** Und **Kartenfragmente**, sie müssen sie mit Bedacht einsetzen:

- **Planen Sie voraus**: Bevor Sie einen neuen Bereich erkunden, prüfen Sie anhand der Baupläne die Raumaufteilung und antizipieren Sie mögliche Herausforderungen.
- **Markieren Sie wichtige Stellen**: Verwenden Sie ein Tagebuch oder Notizen im Spiel, um Bereiche auf der Karte zu markieren, die Sie erneut besuchen möchten, oder Bereiche, die wertvolle Gegenstände oder verborgene Geheimnisse enthalten.

- **Kombinieren Sie Hinweise**: Manchmal ergeben bestimmte Kartenfragmente nur dann Sinn, wenn sie mit Hinweisen aus anderen Gebieten kombiniert werden. Der Schlüssel liegt darin, das zusammenzusetzen **vollständiges Bild**.

4. Versteckte Karten und geheime Orte

Zusätzlich zu den Standardkarten gibt es auch **versteckte Karten** Diese werden freigeschaltet, nachdem der Spieler bestimmte Aufgaben erledigt oder geheime Bereiche entdeckt hat. Diese Karten verraten:

- **Verlorene Kammern** die mächtig enthalten **Artefakte** oder **Überlieferung** an die Geschichte gebunden.
- **Anspruchsvolle Bereiche** voller schwierigerer Gegner, schwierigerer Rätsel und wertvoller Belohnungen.
- **Alternative Realitäten**: Einige Karten offenbaren den Zugang zu anderen Dimensionen oder Zeiträumen innerhalb des Palastes und bieten alternative Möglichkeiten, Rätsel und Kämpfe anzugehen.

9.2 Überlieferungsbücher und Tagebucheinträge

In *BLAUER PRINZ*, die Welt ist reich an **Überlieferung** das wird durch offenbart **Bücher** Und **Tagebucheinträge**. Diese Texte geben nicht nur tiefere Einblicke in das Spielgeschehen **Hintergrundgeschichte** und die Geschichte des Unendlichen Palastes, aber sie tragen auch dazu bei, das zu konkretisieren **Charaktere** Und **Ereignisse** die die Erzählung prägen. Hier erfahren Sie, wie Sie mit dem interagieren **Überlieferungsbücher** Und **Tagebucheinträge** effektiv:

1. Lore-Bücher finden

Überall im Unendlichen Palast sind Überlieferungsbücher verstreut, die normalerweise in zu finden sind **Bibliotheksräume, versteckte Kammern**oder im Besitz bestimmter NPCs. Diese Bücher enthalten **detaillierte Informationen** zu verschiedenen Aspekten des Palastes und seiner Bewohner. Zu den wichtigsten Themen, die in Überlieferungsbüchern behandelt werden, gehören:

- **Der Ursprung des Palastes**: Die Geschichte hinter seiner Entstehung und dem **Temporale Herrscher** der es einst regierte.
- **Die Natur der Zeitschleife**: Einblicke, warum der Palast in einem ewigen Kreislauf gefangen ist und wie sich dies auf die Welt und die Menschen darin auswirkt.
- **Hintergrundgeschichten der Charaktere**: Bücher, die sich auf das Leben und die Motivationen von Schlüsselfiguren wie dem konzentrieren **Blauer Prinz**, Die **Wandernder Besucher**, und die **Bewohner** des Palastes.

2. Tagebucheinträge vom Blauen Prinzen

Der Blaue Prinz selbst hält einen **persönliches Tagebuch**, das einen intimen Einblick in die Ereignisse im Palast bietet. Diese Tagebucheinträge bieten:

- **Ich-Erzählung**: Die eigenen Gedanken, Zweifel und Offenbarungen des Prinzen über den Palast und seine Mission.
- **Hinweise und Hinweise**: Oft zeichnet der Prinz Gedanken über Rätsel, versteckte Räume oder Feinde auf und gibt den Spielern subtile Hinweise oder Anleitungen.

- **Emotionale Tiefe**: Das Tagebuch erforscht den inneren Aufruhr des Prinzen, seine Beweggründe und seinen Kampf mit der Verantwortung, vor der er steht. Dies ist wichtig für Spieler, die tiefer in den Charakter des Prinzen eintauchen möchten.

3. Sammeln aller Lore-Bücher und Einträge

Während Überlieferungsbücher und Tagebucheinträge wertvoll sind, um Wissen über den Unendlichen Palast zu erlangen, **Vervollständigung der Sammlung** Alle diese Texte offenbaren ein tieferes Verständnis des übergreifenden Mysteriums des Spiels. Spieler, die alle Überlieferungsbücher und Tagebucheinträge gesammelt haben, werden:

- **Schalte versteckte Handlungsstränge frei**: Einige der wichtigsten Geheimnisse des Spiels sind in diesen Büchern verborgen. Die Vervollständigung der Sammlung könnte das offenbaren **wahres Ende** oder bereitstellen **Kontext** für die Rolle des Prinzen im Palast.
- **Entdecken Sie den historischen Kontext**: Die Überlieferungsbücher geben Einblick in die **alte Zivilisation** der den Palast gebaut hat, der **Temporale Herrscher**und die längst vergessenen Wesen, die einst den Palast bewohnten.
- **Rätsel lösen**: Viele Rätsel im Spiel sind mit dem in der Überlieferung enthaltenen Wissen verknüpft. Einige Tagebucheinträge deuten darauf hin **vergessene Rituale** oder versteckte Codes, die nur durch Zusammensetzen der Überlieferungen entschlüsselt werden können.

4. Der Einfluss von Lore auf die Reise des Spielers

Beim Lesen von Überlieferungsbüchern und Tagebucheinträgen geht es nicht nur um das Sammeln von Informationen – es wirkt sich direkt auf die Art und Weise aus, wie Spieler an das Spiel herangehen:

- **Den Palast verstehen**: Je mehr der Spieler über die Geschichte des Palastes erfährt, desto besser kann er die Umgebung verstehen, was ihm beim Navigieren und Lösen von Rätseln hilft.
- **Aufbau der Erzählung**: Die Geschichte in *BLAUER PRINZ* ist komplex und hat mehrere Bedeutungsebenen. Die Überlieferung hilft den Spielern, das zusammenzusetzen **größere Erzählung**, die die Reise des Prinzen mit dem Schicksal des Palastes und den im Spiel wirkenden weltlichen Kräften verbindet.
- **Spielerwahl**: Die aus der Überlieferung gewonnenen Erkenntnisse können zu neuen Wegen im Spiel führen, einschließlich Entscheidungen, die sich auf die Beziehung des Prinzen zu anderen Charakteren oder den Ausgang seiner Suche auswirken.

9.3 Erfolgsliste und Freischaltkriterien

BLAUER PRINZ bietet eine große Auswahl an **Erfolge** Und **Trophäen** die Spieler dafür belohnen, dass sie verschiedene Aufgaben erledigen, Geheimnisse entdecken und Herausforderungen meistern. Das Freischalten dieser Punkte kann ein Erfolgserlebnis vermitteln und zusätzliche Vorteile bieten **Spielanreize**.

1. Überblick über das Leistungssystem

Erfolge in *BLAUER PRINZ* werden typischerweise in kategorisiert **mehrere Ebenen** basierend auf der Schwierigkeit und dem Aufwand, die erforderlich sind, um die einzelnen Aufgaben abzuschließen. Dazu können gehören:

- **Storybezogene Erfolge**: Diese werden automatisch freigeschaltet, während Sie die Hauptgeschichte durcharbeiten.
- **Explorationserfolge**: Belohnen Sie Spieler für das Entdecken versteckter Orte, Räume oder besonderer Gegenstände im Unendlichen Palast.
- **Kampferfolge**: Verliehen für das Besiegen bestimmter Feinde, das Abschließen von Schlachten unter bestimmten Bedingungen oder das Überleben schwieriger Kampfbegegnungen.
- **Puzzle-Erfolge**: Schalten Sie Erfolge frei, um komplexe Rätsel zu lösen oder sie innerhalb eines Zeitlimits abzuschließen.

2. Schalten Sie Kriterien für Schlüsselerfolge frei

Einige der bemerkenswertesten Erfolge in *BLAUER PRINZ* erfordern bestimmte Aktionen oder Leistungen. Hier sind einige Beispiele von **Schlüsselerfolge** und ihre Freischaltkriterien:

- **Meister der Schleife**: Beende das Spiel mit **Keine Zeitrücksetzung**, sodass die Zeitleiste während des gesamten Spieldurchgangs intakt bleibt.
- **Palastforscher**: Entdecken Sie alles **versteckter Raum** Und **Geheimgang** im Unendlichen Palast. Dies erfordert eine gründliche Erkundung und den Einsatz von **Kartenfragmente** um die komplette Palastkarte freizuschalten.

- **Wahrer Erbe**: Erreiche das **wahres Ende** des Spiels, bei dem es darum geht, alle Nebenquests abzuschließen, jedes Rätsel zu lösen und wichtige Entscheidungen in der Geschichte zu treffen, um die gesamte Geschichte des Palastes aufzudecken.
- **Champion der Zeit**: Besiege alle **zeitbasierte Bosse** oder zeitkritische Feinde in darunter **fünf Minuten** im Laufe des Spiels.
- **Artefaktsammler**: Finde und sammle alle **Artefakt** im ganzen Palast versteckt. Dabei geht es um das Aufspüren **Schlüsselelemente** die für bestimmte Quests oder das Freischalten neuer Fähigkeiten benötigt werden.

3. Geheime Erfolge freischalten

Einige der schwer zu erreichenden Erfolge sind versteckt und können nur durch bestimmtes Abschließen freigeschaltet werden **schwierig oder unklar** Aufgaben. Dazu könnten gehören:

- Einen bestimmten Bereich des Palastes ohne Nutzung fertigstellen **Heilgegenstände.**
- Einen Versteckten besiegen **Chef** Das erscheint nur unter bestimmten Bedingungen, etwa wenn alle Feinde in einem Gebiet besiegt werden, ohne Schaden zu nehmen, oder wenn man eine Reihe geheimer Herausforderungen abschließt.
- Interaktion mit **geheimnisvolle Objekte** die einzigartige Ereignisse im Spiel auslösen oder aufdecken **versteckte Handlungsstränge.**
- Sich engagieren mit **Ostereier** Über das ganze Spiel verteilt, sind möglicherweise bestimmte Aktionen erforderlich, um sie aufzudecken.

9.4 Tipps zur Trophäen-/Erfolgsjagd

Die Suche nach Erfolgen kann eine lohnende Erfahrung sein, erfordert jedoch oft Hingabe und einen strategischen Ansatz. Um Ihren Erfolg zu maximieren und alle Trophäen und Erfolge freizuschalten *BLAUER PRINZ*, hier sind einige hilfreiche Tipps und Strategien:

1. Planen Sie Ihr Durchspielen für bestimmte Erfolge

Wenn Sie alle Erfolge freischalten möchten, ist dies wichtig **Planen Sie voraus**. Während einige Erfolge automatisch durch den regulären Story-Fortschritt freigeschaltet werden, erfordern andere bestimmte Aktionen. Damit Sie nichts verpassen:

- **Sehen Sie sich die Erfolgsliste an**: Bevor Sie das Spiel starten, sehen Sie sich die gesamte Erfolgsliste an, um zu verstehen, was Sie tun müssen.
- **Erstellen Sie eine Checkliste**: Behalten Sie den Überblick über bestimmte Erfolge, die sorgfältiges Handeln erfordern, wie z **versteckte Räume** oder **Kampfherausforderungen**.
- **Balance zwischen Erkundung und Kampf**: Einige Erfolge werden durch Erkundung erzielt, während andere durch Erkundung erzielt werden **Kampferfolg**. Ein abgerundetes Durchspielen hilft dabei, beide Typen freizuschalten.

2. Erkunden Sie jede Ecke des Palastes

Einer der schwierigsten Aspekte beim Freischalten von Erfolgen *BLAUER PRINZ* findet **versteckte Räume** Und **Geheimgänge**. Hier sind einige Tipps:

- **Verwenden Sie Kartenfragmente**: Überprüfen Sie beim Sammeln von Kartenfragmenten, ob welche vorhanden sind **Unstimmigkeiten** im Grundriss des Palastes. Bereiche mit fehlenden Kartenteilen sind oft versteckt **Geheimnisse**.
- **Erkunden Sie abgelegene Gebiete**: Für das Entdecken werden oft Erfolge im Zusammenhang mit der Erkundung vergeben **ungewöhnliche Räume** oder mit Gegenständen interagieren, die leicht zu übersehen sind.
- **Suchen Sie nach Umwelthinweisen**: Einige Zimmer sind nur durch zugänglich **versteckte Türen**, und um diese zu finden, müssen Umgebungsrätsel gelöst oder verwendet werden **die richtigen Artikel**.

3. Meistern Sie zeitbasierte Herausforderungen

Einige der schwierigsten Erfolge stehen im Zusammenhang mit dem **Zeitschleifenmechaniker** oder Herausforderungen, bei denen Spieler unter Druck schnell handeln müssen:

- **Verfolgen Sie Ihre Zeit**: Behalten Sie es im Auge **zeitbasierte Erfolge** und daran arbeiten, Herausforderungen innerhalb bestimmter Zeitrahmen zu meistern (z. B. einen Boss in weniger als einer bestimmten Zeit zu besiegen).
- **Sparen Sie oft**: Speichern Sie bei zeitkritischen Herausforderungen Ihr Spiel, bevor Sie die Aufgabe in Angriff nehmen. Auf diese Weise können Sie es erneut versuchen, wenn Sie fehlschlagen, ohne den Fortschritt zu verlieren.
- **Nutzen Sie die Rückspulfunktion**: Wenn das Spiel es Ihnen ermöglicht, die Zeit zu manipulieren, nutzen Sie das aus **zurückspulen** oder **zurücksetzen** Mechaniker, um schwierige Abschnitte erneut zu versuchen oder Ihre Leistung in Kampfherausforderungen zu perfektionieren.

4. Nutzen Sie einen zweiten Spieldurchgang für verpasste Erfolge

Einige Erfolge sind daran gebunden **alternative Möglichkeiten** oder **Zweige in der Geschichte**, was bedeutet, dass Sie möglicherweise einen zweiten Spieldurchgang abschließen müssen, um bestimmte Trophäen freizuschalten:

- **Treffen Sie verschiedene Entscheidungen**: Experimentieren Sie beim zweiten Durchspielen mit **Dialogmöglichkeiten** Und **Story-Entscheidungen** dass du dich im ersten Durchgang nicht entschieden hast. Diese können zu unterschiedlichen Ergebnissen führen und einzigartige Erfolge freischalten.
- **Maximieren Sie Nebenquests**: Einige Erfolge müssen abgeschlossen werden **Nebenquests** oder **optionale Ziele**. Stellen Sie sicher, dass Sie jede Ecke des Spiels erkunden und Nebenmissionen annehmen, die zu Ihrer Erfolgsliste beitragen.
- **Vollständiger Inhalt nach dem Spiel**: Nach Abschluss der Hauptgeschichte einige **neue Bereiche** oder **Herausforderungen** möglicherweise verfügbar werden, auf die zuvor nicht zugegriffen werden konnte. Diese können zusätzliches bieten **Erfolge** oder Trophäen.

5. Konsultieren Sie Online-Guides und Communities

Die Suche nach Erfolgen kann manchmal schwierig sein, insbesondere wenn es um versteckte Erfolge oder unklare Anforderungen geht. Online-Ressourcen können unglaublich hilfreich sein:

- **Konsultieren Sie Leistungsleitfäden**: Online-Komplettlösungen oder Erfolgsleitfäden können Ihnen dabei helfen, schwer zu findende Trophäen zu identifizieren und

Schritt-für-Schritt-Anleitungen zum Freischalten dieser Trophäen bereitzustellen.

- **Treten Sie Online-Communitys bei**: Foren oder Social-Media-Gruppen, die sich diesem Thema widmen *BLAUER PRINZ* kann hilfreiche Tipps, Anleitungen und Strategien von anderen Spielern anbieten, die alle Erfolge freigeschaltet haben.

KAPITEL 10: ERWEITERTE TAKTIK UND WIEDERSPIELFÄHIGKEIT

10.1 Optimieren Sie Ihren Spieldurchgang

Als *BLAUER PRINZ* Da es sich um ein komplexes Spiel mit tiefgründiger Mechanik handelt, ist es wichtig, das Durchspielen zu optimieren, um sicherzustellen, dass Sie das Beste aus Ihrem Erlebnis herausholen und gleichzeitig alle Erfolge und Geheimnisse freischalten. Hier sind einige Strategien, die Ihnen helfen sollen **Maximieren Sie die Effizienz** Und **Vergnügen** während deines ersten Spieldurchgangs:

1.1 Priorisieren Sie die wichtigsten Ziele

Konzentrieren Sie sich beim ersten Durchspielen auf den Abschluss **Hauptziele der Geschichte** Und **Nebenquests** Das wird wertvolle Upgrades, Fähigkeiten oder Überlieferungen eröffnen. Dies ist entscheidend für das Freischalten wichtiger Gegenstände und **die Welt konkretisieren**. Sie müssen nicht alle Erfolge beim ersten Durchlauf erreichen, aber stellen Sie sicher, dass:

- Du **gründlich erkunden** und finden **wichtige Gegenstände** wie Kartenfragmente, Überlieferungsbücher und Artefakte.

- Vollständiger Schlüssel **Puzzle** Abschnitte, um wichtige Fähigkeiten und Fortschrittsrouten freizuschalten.

1.2 Ressourcen mit Bedacht verwalten

Zeit ist oft eine kostbare Ressource *BLAUER PRINZ*, und um Ihr Durchspielen zu optimieren, müssen Sie wissen, wann Sie es tun müssen **sparen** und wann **verwenden** Ihre Ressourcen:

- **Speichern Sie häufig**, insbesondere vor schwierigen Begegnungen oder Rätselherausforderungen.
- **Aufrüsten und kombinieren** Werkzeuge und Fähigkeiten, um sicherzustellen, dass Sie für die kommenden Herausforderungen gut gerüstet sind.
- Überlegen Sie, ob **Konzentrieren Sie sich auf den Kampf** oder **Rätsel lösen** Upgrades, abhängig von Ihrem bevorzugten Spielstil.

1.3 Planen Sie Ihre Routen und Fortschritte

Lassen Sie sich am Anfang nicht auf endlose Erkundungen ein. Machen Sie einen Plan, wie Sie das Problem angehen **Unendlicher Palast**:

- Planen Sie Ihren Weg mithilfe von „Gesammelt". **Blaupausen** Und **Kartenfragmente**.
- Schlüssel identifizieren **Meilensteine** oder **Bosskämpfe** Das wird Ihnen helfen, Ihre Geschichte voranzutreiben und zusätzliche Inhalte freizuschalten.

1.4 Suchen Sie frühzeitig nach versteckten Vorteilen

Einige versteckt **Vorteile**– wie mächtige Artefakte oder
Charakterinteraktionen – können Ihr Erlebnis später im Spiel
erheblich beeinflussen:

- **Konzentrieren Sie sich darauf, Verknüpfungen freizuschalten**
  oder geheime Bereiche zu Beginn des Spiels, um den
  Fortschritt in schwierigeren Bereichen zu erleichtern.
- **Erfüllen Sie optionale Ziele** um mächtige Gegenstände und
  Fähigkeiten zu erhalten, die Kämpfe und Rätsel auf lange
  Sicht einfacher machen können.

10.2 Erkundung mit hohem Risiko und hoher Belohnung

Der Unendliche Palast ist voll von **gefährlich**, **unvorhersehbar** Orte,
aber diese Hochrisikogebiete verstecken sich oft **die größten
Belohnungen**. Hier erfahren Sie, wie Sie sich engagieren **Erkundung
mit hohem Risiko und hoher Belohnung** effektiv:

2.1 Risikobereiche erkennen

Bestimmte Regionen des Unendlichen Palastes sind **gefährlich** und
Funktion:

- **Elite-Feinde**: Stärkere Gegner, die besondere Taktiken
  erfordern, um sie zu besiegen.
- **Tödliche Fallen**: Räume voller Umweltgefahren, die Ihre
  Gesundheit schnell schädigen können.

- **Zeitbasierte Herausforderungen**: Abschnitte, in denen Sie innerhalb eines Abschnitts Rätsel lösen oder Feinde besiegen müssen **Zeitlimit**.

Risikoreiche Gebiete versprechen in der Regel große Belohnungen wie z **seltene Artefakte**, **mächtige Fähigkeiten**, oder entscheidende Überlieferung. Diese können Ihnen in späteren Teilen des Spiels einen Vorteil verschaffen.

2.2 Seien Sie vorsichtig

Wenn Sie auf der Suche nach Belohnungen mit hohem Risiko sind:

- **Verwenden Sie Stealth** um unnötige Konfrontationen zu vermeiden oder Fallen zu umgehen.
- **Besorgen Sie sich einen Vorrat an Heilartikeln** und stellen Sie sicher, dass Ihre Ausrüstung verbessert ist, bevor Sie sich auf anspruchsvolle Erkundungstouren begeben.
- **Speichern Sie häufig** bevor Sie gefährliche Bereiche betreten, um den Verlust wertvoller Fortschritte zu vermeiden.

2.3 Maximierung der Belohnungen

Einige Belohnungen werden erst nach Abschluss bestimmter, riskanter Herausforderungen freigeschaltet:

- **Versteckte Bosse**: Seltene und mächtige Bosse, die einzigartige Ausrüstung oder Überlieferungen hinterlassen können.
- **Artefakte**: Bestimmte seltene Artefakte können nur durch das Navigieren gefährlicher Abschnitte erhalten werden, die oft für den Fortschritt im Spiel unerlässlich sind.

2.4 Wissen, wann man sich zurückziehen muss

Auch wenn es verlockend ist, weiterzumachen, sollten Sie wissen, wann Sie es tun müssen **Rückzug**. Wenn Sie von Feinden überwältigt werden oder Ihnen die Ressourcen ausgehen:

- **Zurück** in sicherere Gebiete, um zu heilen, Nachschub zu leisten und Ihre Strategie zu überdenken.
- Einige der besten Belohnungen sind damit verbunden **optionale Herausforderungen** das kann bewältigt werden, nachdem man mächtigere Fähigkeiten erlangt hat.

10.3 Geheimnisse nach dem Spiel freigeschaltet

Sobald Sie die Hauptgeschichte abgeschlossen haben, wird die **Inhalte nach dem Spiel** von *BLAUER PRINZ* eröffnet eine völlig neue Ebene der Erkundung und Entdeckung. Hier sind einige Geheimnisse und Funktionen, die Sie nach Abschluss des Spiels freischalten können:

3.1 Verborgene Bereiche

Nach Abschluss des Spiels erhalten Sie Zugriff auf **zuvor gesperrt** oder **verborgene Regionen** des Unendlichen Palastes, wie zum Beispiel:

- **Verlorene Kammern** Enthält zusätzliche Überlieferungen, mächtig **Artefakte**, und sogar optional **Bosskämpfe**.
- **Geheime Räume** dieses Haus **zeitverändernde Fähigkeiten** oder **einzigartige Rätsel** die die Spieler herausfordern, über den Tellerrand hinaus zu denken.

3.2 Freischaltbare Enden

Einige Erfolge oder Aktionen im Nachspiel können dazu führen **alternative Enden**:

- **Wahres Ende**: Entdecken Sie die tiefsten Geheimnisse des Palastes und enthüllen Sie die wahre Natur der Zeitschleife.
- **Charakterspezifische Endungen**: Abhängig von Ihren Interaktionen mit Schlüsselfiguren können bestimmte Entscheidungen nach dem Spiel das Schicksal Ihrer Mitmenschen beeinflussen.

3.3 Bonus-Gameplay-Funktionen

Zu den freischaltbaren Inhalten nach dem Spiel gehören:

- **Neue Spielmodi** die Ihre Kampf- und Rätsellösungsfähigkeiten unter verschiedenen Bedingungen auf die Probe stellen.
- **Spezielle Spielmechanik** oder **betrügt** die Wiederholungen unterhaltsamer machen, wie unbegrenzte Gesundheit oder Power-Ups zur Zeitmanipulation.
- **Einzigartige Kosmetik**, einschließlich spezieller Outfits oder Skins für den Blauen Prinzen und die anderen Charaktere.

3.4 Zusätzliche Überlieferungen

Viele Teile der Überlieferung sind **hinter Post-Game-Inhalten eingeschlossen**, und die Entdeckung dieser Geheimnisse kann Ihnen ein umfassenderes Verständnis der Welt des Spiels vermitteln:

- **Erweiterte Hintergrundgeschichte** über die Ursprünge des Palastes, die weltlichen Herrscher und das Schicksal des blauen Prinzen.

- **Charaktertagebücher** oder Dialoge, die Einblick in die Motivationen und Geschichten der Hauptcharaktere des Spiels geben.

10.4 Was sich bei New Game Plus ändert

Sobald Sie fertig sind *BLAUER PRINZ* und starte ein **Neues Spiel Plus** (NG+) wird das Spiel anspruchsvoller und lohnender. Hier ist eine Aufschlüsselung der Änderungen:

4.1 Erhöhter Schwierigkeitsgrad

- **Feinde werden härter**, mit komplexeren Angriffsmustern und **höhere Statistiken.**
- **Zeitliche Herausforderungen** sind strenger und erfordern eine schnellere Entscheidungsfindung und effizientere Strategien.
- **Ressourcenmanagement** wird noch wichtiger, da Ressourcen wie Heilgegenstände oder Spezialwerkzeuge knapper werden.

4.2 Übertragbare Fähigkeiten

In NG+ beginnen Sie mit vielen der Fähigkeiten bzw **Artikel** die Sie in Ihrem vorherigen Spieldurchgang freigeschaltet haben, wie zum Beispiel:

- **Artefakte** die besondere Kräfte wie verbesserte Gesundheit oder schnelleres Lösen von Rätseln verleihen.
- **Verbesserte Kampffähigkeiten** die Ihnen helfen, sich stärkeren Feinden zu stellen.

- **Kartenfragmente** oder Baupläne, die Sie bereits gesammelt haben, und die Ihnen einen Vorsprung beim Grundriss des Palastes verschaffen.

4.3 Freischaltbare NG+-Funktionen

Während Sie NG+ durchlaufen, werden Sie neue Funktionen freischalten:

- **Alternative Routen**: Einige Bereiche, die beim ersten Durchspielen gesperrt waren, werden möglicherweise geöffnet und aufgedeckt **neue Bereiche** oder **Nebenquests**.
- **Besondere Feinde**: Es erscheinen mächtigere Versionen von Feinden, jede mit einzigartigen **Fähigkeiten** und Strategien.

4.4 Verbessertes Story-Erlebnis

New Game Plus kann auch zusätzliche Features einführen **Story-Elemente**:

- **Verschiedene Charakterinteraktionen** oder Dialogoptionen, die bei Ihrem ersten Durchspielen nicht verfügbar waren.
- **Erweiterte Überlieferung**: Zusätzliche Details über die Welt, die Herrscher des Palastes und das Schicksal der Charaktere, einschließlich Enthüllungen, die während Ihres ersten Durchspielens verborgen blieben.

www.ingramcontent.com/pod-product-compliance
Lightning Source LLC
LaVergne TN
LVHW051714050326
832903LV00032B/4199